Parler pour agir

Catalogage avant publication de Bibliothèque et Archives nationales du Québec et Bibliothèque et Archives Canada

Leblanc, Diane

Parler pour agir

(Collection Psychologie)

ISBN 978-2-7640-1273-4

1. Communication orale. 2. Actes de parole. 3. Efficience (Psychologie). I. Titre. II. Collection Psychologie (Éditions Quebecor).

P95.L42 2009 302.2'242 C2009-941774-X

Une compagnie de Quebecor Media
7, chemin Bates
Montréal (Québec) Canada
H2V 4V7

Dépôt légal : 2009
Bibliothèque et Archives nationales du Québec

Pour en savoir davantage sur nos publications, visitez notre site : www.quebecoreditions.com

---

Éditeur : Jacques Simard
Conception de la couverture : Bernard Langlois
Illustration de la couverture : Veer
Conception graphique : Sandra Laforest
Infographie : Claude Bergeron

Imprimé au Canada

Gouvernement du Québec – Programme de crédit d'impôt pour l'édition de livres – Gestion SODEC.

L'Éditeur bénéficie du soutien de la Société de développement des entreprises culturelles du Québec pour son programme d'édition.

Nous reconnaissons l'aide financière du gouvernement du Canada par l'entremise du Programme d'aide au développement de l'industrie de l'édition (PADIÉ) pour nos activités d'édition.

DISTRIBUTEURS EXCLUSIFS :

- Pour le Canada et les États-Unis :
  MESSAGERIES ADP*
  2315, rue de la Province
  Longueuil, Québec J4G 1G4
  Tél. : (450) 640-1237
  Télécopieur : (450) 674-6237
  * une division du Groupe Sogides inc., filiale du Groupe Livre Quebecor Média inc.

- Pour la France et les autres pays :
  INTERFORUM editis
  Immeuble Paryseine, 3, Allée de la Seine
  94854 Ivry CEDEX
  Tél. : 33 (0) 4 49 59 11 56/91
  Télécopieur : 33 (0) 1 49 59 11 33

  Service commande France Métropolitaine
  Tél. : 33 (0) 2 38 32 71 00
  Télécopieur : 33 (0) 2 38 32 71 28
  Internet : www.interforum.fr

  Service commandes Export – DOM-TOM
  Télécopieur : 33 (0) 2 38 32 78 86
  Internet : www.interforum.fr
  Courriel : cdes-export@interforum.fr

- Pour la Suisse :
  INTERFORUM editis SUISSE
  Case postale 69 – CH 1701 Fribourg – Suisse
  Tél. : 41 (0) 26 460 80 60
  Télécopieur : 41 (0) 26 460 80 68
  Internet : www.interforumsuisse.ch
  Courriel : office@interforumsuisse.ch

  Distributeur : OLF S.A.
  ZI. 3, Corminboeuf
  Case postale 1061 – CH 1701 Fribourg – Suisse

  Commandes : Tél. : 41 (0) 26 467 53 33
  Télécopieur : 41 (0) 26 467 54 66
  Internet : www.olf.ch
  Courriel : information@olf.ch

- Pour la Belgique et le Luxembourg :
  INTERFORUM BENELUX S.A.
  Fond Jean-Pâques, 6
  B-1348 Louvain-La-Neuve
  Tél. : 00 32 10 42 03 20
  Télécopieur : 00 32 10 41 20 24

Diane Leblanc

Parler pour agir

À la découverte du langage de l'action

Une compagnie de Quebecor Media

« Entre ce que je pense, ce que je veux dire, ce que je crois dire, ce que je dis, ce que vous avez envie d'entendre, ce que vous croyez entendre, ce que vous entendez, ce que vous avez envie de comprendre, ce que vous croyez comprendre, ce que vous comprenez, il y a dix possibilités qu'on ait des difficultés à communiquer, mais essayons quand même... »

Bernard Weber, *L'encyclopédie du savoir relatif et absolu*

Introduction

Quelle joie que de réaliser un projet, un rêve, une idée ! Surtout lorsque cette réalisation représente un défi et qu'elle nous demande de nous dépasser. Voilà qui nous donne une grande énergie et nous met en contact avec notre puissance personnelle. Nous découvrons qui nous sommes vraiment par la réalisation de nos rêves, et cela nous procure force et confiance.

Nos projets se réalisent grâce aux propos que nous échangeons avec les autres ; cela peut être aussi simple que l'organisation d'une sortie au cinéma avec son conjoint et aussi complexe que l'acceptation d'un projet de loi à l'Assemblée nationale. Dans ces deux cas, les conversations sont très différentes de celles que nous avons lors d'un cocktail ou d'une fête entre amis. Afin de réaliser nos projets avec aisance et satisfaction, il importe de distinguer une conversation qui fait avancer les choses d'une autre dont le seul but est de s'amuser. Dans ce livre, je ferai cette distinction et vous indiquerai une voie à suivre pour réaliser vos projets avec un plaisir sans cesse croissant. Avez-vous déjà remarqué que lorsque certains parlent, rien ne bouge ? Par contre, quand d'autres prennent la parole, l'Univers se met en branle. Qu'est-ce qui différencie les uns des autres ? Voilà des questions auxquelles je répondrai ici.

Je vous offre tout de même un début de réponse : ces personnes utilisent efficacement les actes de parole. Ces derniers ont été l'objet de recherches de plusieurs philosophes du langage, linguistes et autres spécialistes de la parole tels que Jean-François Lyotard, Jacques Darrida, Ludwig Wittgenstein, Jürgen Habermas, Gottlob

Frege, Émile Benveniste, pour ne nommer que ceux-là. Ce sont deux philosophes du langage, John L. Austin dans les années 1960 et John R. Searle peu de temps après, qui ont donné une version plus moderne à la théorie des actes de parole. Habermas, philosophe social, ainsi que plusieurs autres spécialistes l'ont ensuite adaptée. Je ne vais cependant pas aborder ce sujet sous un angle d'experte en la matière, ce que je ne suis pas. Si vous désirez en savoir davantage sur les performatifs explicites, les énonciations performatives et les actes locutoires, illocutoires et perlocutoires, entre autres, la bibliographie vous guidera vers les experts.

Je vous propose plutôt une interprétation très personnelle d'une théorie fort complexe en m'inspirant grandement de Fernando Flores[1], un Chilien qui a réussi le tour de force d'amalgamer le travail d'Austin à la pensée du philosophe Martin Heidegger[2] pour

---

1. En 1970, à l'âge de 29 ans, Fernando Flores a été nommé ministre de l'Économie au Chili. Il a ensuite occupé le poste de ministre des Finances au moment où son pays passait de la dictature à la démocratie. À la suite du coup d'État qui a coûté la vie à Salvador Allende en 1973, Flores a été emprisonné pendant trois ans. Grâce aux efforts d'Amnistie internationale, il a recouvré la liberté et commencé son doctorat en langage, en informatique, en recherches opérationnelles et en gestion. Il a appris de Heidegger que le langage transmet non seulement de l'information, mais aussi l'engagement d'une personne. Il s'est plus tard associé à Werner Erhard qui a utilisé l'approche de Flores dans ses séminaires. En 1984, il se sépare de Erhard pour fonder sa deuxième entreprise, Action Technologies, et finalement, en 1989, Business Design Associates Inc. (http://www.fastcompany.com/magazine/21/flores.html). Il est maintenant sénateur indépendant au Chili pour Concertación.
2. Martin Heidegger (1889-1976) est un philosophe allemand. Il est considéré comme l'un des philosophes les plus influents du XXe siècle. Les efforts principaux de Heidegger portent sur la métaphysique traditionnelle, qu'il interprète et critique d'un point de vue phénoménologique, herméneutique et ontologique. Auteur d'*Être et temps* (*Sein und Zeit*), sa démarche a notablement influencé la pensée contemporaine, notamment la philosophie existentialiste (qu'il récusera) et la phénoménologie, les philosophes français des années 1970, les herméneutes allemands, ainsi que d'autres sciences humaines (par exemple, l'herméneutique, la théologie et la psychanalyse). (Source : Wikipédia, consulté le 12 mars 2009.)

en faire une matière pratique. Il s'est concentré sur les quatre actes de parole suivants: la déclaration, la demande, la promesse et l'affirmation, ainsi que sur leur rôle dans notre quotidien. J'expliquerai plus en détail, au chapitre 4, d'où vient le terme «acte de parole». Je désire avant tout m'adresser à un public dynamique, entreprenant et rendre la matière utile «à l'usine comme dans la cuisine», selon une expression chère à mon amie Renée Cossette.

Je suis constamment en conversation, que ce soit avec moi-même (monologue) ou avec autrui (dialogue). Je réfléchis à ce que je cuisinerai pour le dîner ou au commentaire de mon patron sur mon travail (monologue); je demande à une collègue de me remettre un document (dialogue); j'évalue la conduite du conducteur qui vient de me dépasser (monologue), etc. Parmi cet amalgame de conversations ininterrompues, je m'attarderai sur celles qui concernent les projets que nous désirons réaliser, car c'est en conversant avec les autres que nous les concrétisons.

Le but de ce livre est de transmettre des connaissances qui font la différence, qui stimulent les gens à agir et à découvrir comment parler pour faire avancer leurs projets personnels et professionnels. Il va au-delà de *tenir* parole pour apprendre à *être* sa parole (où le décalage entre ce que je dis et fais est réduit à son minimum) et à acquérir des habitudes d'hygiène relationnelle[3].

Vous aurez l'occasion, en cours de lecture, d'être un nouvel observateur de vous-même et de votre environnement. Cela représente tout un cheminement intérieur. Qui êtes-vous lorsque vous parlez? Quelles sont vos intentions? Si vous n'obtenez pas les résultats recherchés, que faites-vous de cette situation? Je vous invite donc à vous observer lorsque vous communiquez avec vos proches et vos collègues de travail, et surtout à tester ce que je vous propose. Vos communications contribuent-elles à l'épanouissement des gens autour de vous? Est-ce qu'elles les font réagir? Voilà quelques

3. Terme emprunté à Jacques Salomé.

questions fort utiles à qui veut maîtriser l'art de la communication efficace.

J'ai été *coach* de vie, d'affaires et consultante en gestion pendant plus de vingt ans; mon champ d'expertise était la coordination des conversations et des engagements au sein d'une organisation. Pour y arriver, je travaillais sur deux plans: le milieu ambiant dans lequel baignent nos communications et la communication efficace à l'aide des actes de parole. Ce livre les aborde avec l'écologie de la parole et le langage de l'action. L'écologie de la parole, en première partie, traitera des aspects social, humain et interpersonnel de la communication. Nous sommes de plus en plus conscients de nos gestes quotidiens de consommation et de leurs effets sur l'environnement. Nous commençons aussi à être de plus en plus conscients des effets que provoque chez les autres notre façon de communiquer. Il existe, depuis une quarantaine d'années, une foule de livres sur les communications interpersonnelles et de cours de développement personnel. Grâce à tous ces outils, nous sommes plus conscients que jamais de notre environnement relationnel. Au même titre que nous faisons des efforts pour éviter de polluer, nous faisons des efforts pour avoir des relations plus satisfaisantes.

Une façon d'y arriver est d'être attentifs à nos émotions. C'est ma version de l'intelligence émotive: être conscient de mes émotions et de l'effet qu'elles ont sur ceux qui m'entourent, et vice versa. Avez-vous remarqué à quel point elles peuvent être contagieuses? Si l'autre me sourit, je me décontracte, tout comme la colère de l'autre m'atteint, mais de façon moins souhaitable. La communication est une activité sociale très émotive! Avant d'examiner comment nous déclarons, demandons, promettons et affirmons, je consacrerai trois importants chapitres à l'écologie de la parole. Ils permettront d'étaler les causes du décalage entre notre parole et nos actions. Ces chapitres paveront la voie aux actes de parole et j'y ferai très souvent référence dans la deuxième partie. Puisqu'il s'agit du langage de l'action, je considère comme essentiel d'examiner ce qui nous pousse ou nous freine à agir.

Dans le chapitre 1 sur le milieu ambiant, il sera question de nos automatismes, de notre façon d'écouter et d'être écoutés, ainsi que de l'usage de notre parole. Le chapitre 2 abordera la notion de parole inconsciente. Celle-ci fait partie de notre vie de tous les jours : nous faisons du commérage, nous blâmons, nous disons à tous ce qu'ils devraient faire et nous parlons pour ne rien dire avec la langue de bois – ce qui n'est pas l'exclusivité des politiciens ! Mais tout n'est pas perdu grâce à la parole consciente abordée au chapitre 3. Nous la pratiquons lorsque nous acceptons, sommes responsables, intentionnés et engagés. Que se produit-il dans cet état ? Nous utilisons naturellement les actes de parole en déclarant, en demandant, en promettant et en affirmant.

Dans la deuxième partie, le langage de l'action, il sera question de l'aspect pratique de cette forme de langage avec les actes de parole et leur application. Nous pouvons parler de ce qui se fait et de ce que nous savons (relié au passé) ; c'est ce que nous faisons la plupart du temps. Mais il y a des moments où nous parlons pour donner naissance à quelque chose de nouveau, où il n'existe pas de référence (relié au futur). Les deux façons de parler sont nécessaires, selon les résultats recherchés. Ainsi, lorsque je fais le compte rendu d'une situation, je parle de ce que je sais, de ce que j'ai observé, de ce qui s'est déjà produit. Par contre, lorsque je fais face à un obstacle et que je n'ai aucune idée de la façon de le franchir, c'est le moment d'inventer, de créer et d'innover en découvrant quelque chose que je ne connais pas encore. Les gens qui utilisent consciemment leur parole pour créer sont très présents à ce qu'ils disent. Chaque parole est pesée et porte une intention bien précise. En fait, cela leur demande d'être éveillés, d'écouter les autres, d'être présents aux effets de leur parole sur les autres et de l'inverse. Chacun des actes de parole sera passé en revue au chapitre 4 afin de vous aider à bien les reconnaître et à les utiliser. Mais encore faut-il savoir les organiser et s'en servir adéquatement grâce à un bon système de classement. C'est ce que nous verrons au chapitre 5. Finalement, le chapitre 6 nous aidera à repousser les limites du possible et à ajouter un turbo à notre créativité grâce à un projet osé. Cette partie s'adresse à ceux et à celles qui n'ont pas froid aux yeux et aiment relever des défis de taille.

Mes propos susciteront toutes sortes de réactions de votre part, comme lorsque nous avons des conversations animées avec des amis. Alors, pour que cette lecture vous soit profitable, je vous invite à adopter l'attitude du chercheur qui exige une observation attentive, libre de toute interprétation. Cela vous demandera une grande vigilance et une capacité d'observer vos réactions de façon soutenue. Je reconnais que cela n'est pas facile, car nous vivons derrière nos préjugés, nos points de vue, nos soucis quotidiens, nos désirs et nos craintes. Abrités derrière tout cela, nous écoutons pour entendre non pas ce qui est dit, mais ce que nous pensons qui est dit en faisant référence à notre vécu. Vous allez certainement à l'occasion ne pas être d'accord avec des idées que j'avance. Lorsque cela se produit, je vous invite à les explorer, à les tester et à les remettre en question avant de les rejeter.

Je vous propose de faire maintenant une pause. Allez chercher papier et stylo pour prendre des notes. Passez en revue vos projets, personnels ou professionnels. Dans quels domaines de votre vie aimeriez-vous voir les choses faire un grand bond en avant? Avec qui? Pour atteindre quel résultat? Notez ce que vous voulez apprendre en cours de route. Tout au long du livre, je vous proposerai de travailler à l'avancement de votre projet.

Dans les pages qui suivent, vous commencerez à observer vos comportements et ceux des autres lorsque vous communiquez. Vous apprendrez à être attentif à qui vous êtes lorsque vous parlez ou écoutez. Apprendre ne signifie pas accumuler des connaissances qui permettent de mieux réagir aux surprises que la vie réserve. Par « apprendre », j'entends plutôt observer, comprendre et, surtout, agir. Rassurez-vous : pour bien communiquer, il n'y a pas de technique à mémoriser ou de recette à suivre. Vous savez déjà comment bien le faire. Nous savons tous bien communiquer dans des circonstances idéales. Là où les choses se corsent, c'est lorsque tout ne va pas selon nos plans, qu'il y a des tensions ou de grands défis à relever et que nous sommes poussés au-delà de nos limites vers une zone d'inconfort. C'est dans ces moments qu'il est intéressant de nous observer, car nous nous trouvons en pleine action et nous ne pouvons apprendre à notre sujet que dans l'action. C'est alors que nous pouvons voir ce qui fonctionne et ce qui ne fonctionne pas dans notre manière de communiquer.

La qualité de nos communications influence directement celle de notre vie et l'évolution de nos projets. Communiquer l'un avec l'autre peut être très difficile, même lorsque nous partageons les mêmes opinions, alors imaginez ce que cela peut être dans le cas contraire. La divergence d'opinions n'est pas un problème en soi. Elle permet une richesse de points de vue sur une même situation. Afin d'avoir accès à cette richesse, pouvoir communiquer efficacement se révèle un atout majeur. Pour qu'une communication soit efficace, il est essentiel que les personnes en présence se sentent en sécurité les unes avec les autres, qu'elles puissent se parler franchement, s'écouter sans se juger et trouver un terrain d'entente rapidement si leurs opinions divergent. Certaines personnes trouvent que c'est bien noble, mais quelle différence cela fait-il au bout du compte? Si vous pensez qu'il est difficile de mesurer les effets d'une communication efficace, voici quelques données intéressantes recueillies auprès d'organisations réputées pour l'efficacité de leurs communications en les comparant à d'autres dont les communications ne le sont pas autant, tirées d'un article paru dans le *Globe and Mail* (en 2006 et dont je ne connais plus la référence exacte):

- Retour sur investissement des actionnaires: 57 % supérieur;
- Valeur marchande de l'entreprise: 19,4 % plus élevée;
- Implication des employés: 20 % supérieure;
- Roulement de personnel: 20 % inférieur.

Les bureaux des dirigeants et de leurs employés sont remplis d'outils de communication sophistiqués: *BlackBerry*, ordinateurs, salles de conférence équipées avec multimédia, etc. Cependant, toute cette belle technologie de soutien à la communication est nulle lorsqu'elle sert à véhiculer des messages qui nuisent à la qualité des relations. L'écart entre ce que les gens disent et font se traduit en roulement de personnel élevé, en accidents de travail, en absentéisme, en matériel endommagé ou volé, en employés qui arrivent juste à l'heure, sinon en retard, et repartent juste à l'heure, voire plus tôt. Ceci représente des coûts astronomiques pour les dirigeants d'une organisation.

Par la lecture de ce livre, vous découvrirez ce que vous faites naturellement et qui fonctionne, et vous comprendrez pourquoi cela fonctionne. Vous pourrez reproduire cette façon de faire à volonté et, surtout, dans les situations où vous avez moins de facilité. Lorsque les choses progressent bien, je suis présent, conscient. Dès que je le suis, tout se calme, tout s'apaise et je peux créer et non réagir à ce qui se passe autour de moi. À ce moment-là, les actes que je pose ont un effet de levier important et me permettent, avec peu d'efforts, d'obtenir des résultats hors du commun. Par ailleurs, lorsque mes actions ne portent pas de fruits en dépit de plusieurs tentatives, c'est une indication d'un niveau d'inconscience qui vaut la peine d'être reconnu comme tel et ramené au conscient. Je peux alors observer les moments où je ne suis pas présent lorsque je parle et à quel point ces moments d'absence ralentissent la progression de mes projets.

Nous voici prêts à aborder le premier chapitre et à parler du milieu ambiant de la parole, c'est-à-dire comment nous affectons notre environnement relationnel par notre langage et comment celui-ci nous affecte à son tour.

Partie I

L'écologie de la parole

La notion d'écologie appliquée aux communications s'est imposée à moi à la suite de la lecture d'un article de Jacques Salomé où il parle de «communication relationnelle "écologique[4]"». Il entend par là le fait de devenir aussi conscient des effets de mes paroles sur les autres que des effets de mes gestes sur l'environnement. Le dictionnaire *Le Petit Robert* définit écologie comme suit: «Étude des milieux où vivent les êtres vivants ainsi que des rapports de ces êtres entre eux et avec leur milieu.» Lorsque nous demandons ou promettons, nous le faisons dans un certain contexte, un certain milieu. Par exemple, si je suis en visite chez vous et que je vous demande de me donner un verre d'eau, je n'ai pas besoin d'ajouter qu'elle doit être potable, servie dans un verre, donnée dans la main ou posée sur une table, c'est évident pour nous deux. Je vais donc aborder le contexte de nos communications interpersonnelles avant d'examiner les actes de parole. C'est ce que j'appelle le milieu ambiant, le milieu dans lequel baignent nos communications. Je

4. Jacques Salomé, *Guide ressources*, avril 2000, p. 66.

tiens à préciser que ce milieu est celui des communications interpersonnelles et non celui relié aux médias ou aux relations publiques.

Afin de mieux comprendre le milieu ambiant des communications interpersonnelles, je ferai appel au chapitre 1 à quelques concepts philosophiques (rassurez-vous, il n'y en a pas beaucoup) énoncés par Martin Heidegger: l'être-jeté, le toujours-et-déjà-là et l'être-au-monde. Je partagerai avec vous ce que j'ai compris de la pensée de cet homme à travers la lecture qu'en fait Flores et qui m'est très utile tous les jours. C'est du Heidegger de seconde main, pour ainsi dire. Je n'ai nullement la prétention de vous proposer un discours philosophique d'une grande rigueur, avis aux experts[5].

5. Pour une lecture plus approfondie concernant ces concepts, je vous recommande *Understanding Computers and Cognition* de Fernando Flores et de Terry Winograd.

Chapitre 1

Le milieu ambiant

Quelquefois, nos propos assainissent l'air, d'autres fois ils le polluent. Nous disons que l'air est irrespirable en faisant allusion à une rencontre difficile ou qu'il est tellement dense que nous pourrions le tailler au couteau. Nous disons aussi d'une personne qu'elle est une bouffée d'air frais. Les gens qui nous entourent sont affectés par nos paroles; ils sont notre environnement relationnel. Souvenez-vous, la communication est une activité sociale hautement émotive. Notre façon de communiquer peut entraîner, chez nos interlocuteurs, des effets bénéfiques ou destructeurs sur les plans relationnel et émotif. Afin de mieux comprendre comment nous en arrivons là, nous examinerons d'un peu plus près ce phénomène fascinant qu'est le milieu ambiant de la communication humaine.

Le pilote automatique

Il y a d'abord un aspect automatique à notre façon de parler. Nous ne pesons pas chaque mot qui sort de notre bouche à chaque seconde. Flores propose de nous imaginer dans un carambolage. Les conducteurs sortent de leurs autos, tous parlent en même temps, il règne un chaos total. Il est facile de faire le constat suivant:

- Nous ne pouvons pas éviter d'agir;
- Nous ne pouvons pas prendre de recul et réfléchir aux actions que nous devrions poser;
- Nous ne savons pas comment les gens autour de nous vont réagir à nos actions;
- Nous n'avons pas une image claire de ce qui se passe.

Heidegger considère que la vie de tous les jours ressemble à la situation que je viens de décrire. Nos interactions avec les autres se font dans le feu de l'action plutôt que dans une atmosphère de réflexion détachée. Il affirme que l'objectivité est impossible à atteindre, car la situation perçue est fonction de la personnalité, de l'expérience de vie, des motivations personnelles de l'observateur. C'est ce qu'il nomme l'être-jeté[6]. Le terme qu'il utilise implique un aspect automatique, instantané et pratiquement à notre insu de fonctionner. Nous ne pouvons voir et juger qu'à l'intérieur de notre être-jeté qui colore complètement notre perception du monde et, de ce fait, détermine toutes nos actions, pensées et réactions.

Ces réactions sont toujours fonction de la façon dont le monde apparaît à l'intérieur de notre être-jeté. Je nommerai dorénavant ce phénomène le pilote automatique et être «poussé à» faire ou dire quelque chose. Cette expression de pilote automatique implique une programmation (issue de notre culture, de nos antécédents, de nos expériences) qui agit au quart de tour, implacablement, sans que nous ayons à intervenir. Lorsque nous sommes en pilotage automatique, nous ne pensons pas, nous réagissons. Ainsi, après le carambolage, certains seront poussés à agir et à aider, alors que d'autres seront poussés à être confus ou paralysés. Il ajoute que la nature de cet être-jeté est d'être toujours-et-déjà-là[7], sans interruption, à chaque instant, permanent, il nous colle à la peau.

---

6. Anglais: *Thrownness*; allemand: *Geworfenheit.*
7. Anglais: *Already always;* allemand: *Immer schon.*

Une manifestation de la force de ce phénomène automatique se produit lorsque nous faisons un geste et que, après coup, nous nous demandons ce qui a bien pu nous pousser à le faire. Nous disons alors que c'est plus fort que nous, que nous ne pouvons pas nous en empêcher: c'est ça le pilote automatique. C'est très puissant, instantané, irrémédiable, avec la vitesse de l'éclair. Nous disons aussi d'une autre personne: «Mais quelle mouche l'a piquée?», «Qu'est-ce qui la pousse à agir de la sorte?». Vous êtes en présence du pilote automatique de cette personne. Si vous lui posez la question, il se peut fort bien qu'elle vous réponde ne pas savoir elle-même ce qui l'a poussée à agir ainsi. Je dis également que la culture est le pilote automatique d'une organisation, d'un clan, d'une famille, d'une nation. Ainsi, c'est en voyageant que nous pouvons, au contact d'autres cultures, voir la nôtre; sinon, elle nous est transparente. Ce n'est pas facile de trouver nos automatismes. Il m'est arrivé de mettre des années à comprendre certains d'entre eux.

La programmation du pilote automatique se fait au cours des années et engendre notre perception. Ainsi, nous ne commettons *jamais* d'erreurs, car nos actions sont *toujours* déterminées par notre perception. J'insiste sur les mots «jamais» et «toujours». Nous les utilisons souvent à tort en disant, par exemple, d'une personne qu'elle ne nous écoute *jamais* ou qu'elle est *toujours* en retard. Or, il arrive que cette personne écoute ou soit ponctuelle, même si elle le fait rarement. Ici, c'est le cas. Et je le répète, car c'est très important de nous en souvenir tout au long de cette lecture: nous ne commettons *jamais* d'erreurs et notre perception commande *toujours* nos actions. Il n'y a *jamais* d'exceptions.

Ce lien entre perception et action est essentiel à notre survie, bien qu'il puisse nous causer des ennuis dans certains cas. Lorsque, petits, nous nous brûlons en mettant la main sur l'élément chaud de la cuisinière, nous avons intérêt à nous en souvenir et à être prudents la prochaine fois que nous nous en approcherons. La programmation est lancée. C'est ainsi que nous apprenons à marcher, à rouler en vélo et, tout au long de notre vie, à maîtriser différentes activités (la conduite automobile, une profession, un métier). Étant jeunes, nous apprenons aussi à être en relation au contact des adultes : parents, frères, sœurs, membres de la famille élargie, instituteurs, gardiennes. Nous développons alors beaucoup d'automatismes sur le plan relationnel. La programmation continue. Certains seront utiles pour notre épanouissement, d'autres nous permettront de survivre sur le plan émotif en nous protégeant d'événements qui nous troublent ou nous traumatisent, et ces derniers nous nuiront.

Ce réflexe (lien entre perception et action) pose un problème : s'il est vrai qu'il nous est utile pour notre survie dans notre environnement physique, il ne l'est pas toujours dans notre environnement relationnel. Ce sera toujours dangereux de mettre la main sur un élément chauffé ou de conduire une auto avec des facultés affaiblies. Par contre, une personne qui nous dit des paroles que nous percevons comme blessantes une fois ne va pas nécessairement récidiver. Cette personne a certainement réactivé de vieilles mémoires devenues inconscientes avec le temps. Sur le coup, nous agissons comme si celle-ci allait recommencer et nous l'évitons pour ne pas être blessés une autre fois. Normal, direz-vous. Mais il se peut que la personne dont les paroles nous ont blessés ne se soit pas rendu compte des conséquences de ce qu'elle nous a dit. Elle peut, malgré tout, nous tenir en haute estime ! Elle a peut-être cherché à nous aider et a obtenu l'effet contraire sans le vouloir, n'étant pas consciente que son style direct nous a affectés. L'idéal, après nous être remis de nos émotions, est de vérifier auprès de la personne sa perception de la situation qui l'a amenée à faire le commentaire en question.

Je vais revenir à quelques reprises sur l'importance de vérifier la perception des gens lorsqu'ils font des gestes dont le motif nous échappe. Cette habitude simplifie considérablement la vie, vous vous en doutez. Vous trouverez en annexe 2 un exercice pour vous guider.

Pour y voir plus clair, je distingue la mémoire de nos expériences en deux catégories: la pratique et l'affective. La première nous permet de nous souvenir de gestes de la vie de tous les jours comme la conduite d'une auto ou la construction d'un pont. Ce que nous avons appris le matin à l'école de conduite automobile sera toujours valable et utile le lendemain et le surlendemain. Il en va de même pour la construction d'un pont. L'expertise acquise au fil des ans sert à bâtir des ponts de plus en plus longs et solides. C'est pratique de nous souvenir des méthodes de travail utilisées au moment de la construction de notre dernier pont plutôt que de recommencer à zéro chaque fois. Nous pouvons apporter des améliorations aux méthodes de travail, mais nous ne les remettons pas toutes en question systématiquement.

La mémoire affective emmagasine les traces laissées par les émotions vécues au contact de ceux qui nous entourent. Lorsque ces traces soutiennent la relation, c'est merveilleux. Sinon, nous avons lieu d'en prendre conscience pour pouvoir les corriger. Ce sera toujours utile de nous souvenir de mettre la clé dans le contact pour démarrer notre auto. Par contre, ce ne sera pas nécessairement utile de nous méfier d'une personne qui a eu des propos que nous considérons comme malveillants à notre égard. Cette mémoire n'est pas forcément pertinente d'une fois à l'autre. C'est elle qui façonne notre pilote automatique et qui agit comme un filtre. Il trie l'information à notre insu et à la rapidité de l'éclair, le résultat étant notre perception.

Cela fait partie de notre fonctionnement, au même titre que nous sommes rarement conscients de notre respiration. Une des conséquences de ce phénomène de filtrage par notre pilote automatique est ce que nous appelons communément l'angle mort. Ce que nous savons nous empêche de voir ce qui n'est pas conforme à nos connaissances. Je l'appelle aussi cécité cognitive où ce que nous savons nous aveugle. Nous ignorons que nous ne voyons pas, car l'angle mort occulte une partie de la réalité à notre insu. L'ignorer lorsque nous conduisons peut nous causer des ennuis. Il en va de même en communication. Au même titre que c'est une bonne pratique au moment d'un doublage de vérifier notre angle mort, c'en est aussi une dans nos rapports interpersonnels d'être alertes, vigilants, à l'affût de ce qui nous échappe dès que nous sentons un malaise.

Ce malaise est très important, car c'est lui qui nous indique que quelque chose nous échappe, qu'une vieille mémoire émotive nous aveugle et que nous aurions intérêt à en être conscients. C'est la première façon d'être sur la piste de notre angle mort. La seconde, c'est grâce aux commentaires et aux observations de nos partenaires, des personnes qui tiennent à notre succès et qui voient ce que nous ne voyons pas. Les écouter peut nous éviter beaucoup d'ennuis.

Un jour, je me rends à un rendez-vous dans un quartier où j'étais allée peu de temps auparavant. Arrivée près de ma destination, je consulte le petit carré (trois centimètres de côté) de ma carte routière. En vain, je ne trouve pas la rue cherchée. Je vois devant moi un bureau de poste. Je m'y rends, certaine que les employés connaissent bien le secteur et pourront m'aider. J'étale ma carte routière sur leur comptoir et leur demande qu'ils m'indiquent où se trouve cette fameuse rue en leur montrant mon carré. Ils en viennent à la même conclusion que moi: la rue n'y est pas et ils ne comprennent pas pourquoi. Un des employés se rend alors à l'arrière du bureau pour demander à un collègue s'il connaît la rue. Il revient et me montre où elle se trouve. Le carré de la carte était divisé en deux parties séparées par une autoroute. Je regardais dans la partie inférieure du carré, convaincue que la rue devait se trouver là: je le savais, j'y étais venue peu de temps auparavant. Eh bien, non, elle se trouvait dans la partie supérieure du petit carré de trois centimètres! Cette rue était littéralement sous mes yeux et je ne la voyais pas, aveuglée par ma conviction issue de mon dernier rendez-vous dans ce secteur. Consciente de l'angle mort, je ne pouvais que m'émerveiller devant le phénomène.

Cet angle mort impose des limites à notre vision du monde et il est essentiel d'en être conscients si nous voulons agir efficacement. Nous voyons ce que nous savons. L'exemple parfait en est la relecture d'un document pour trouver des erreurs et des coquilles qui nous ont échappé aux lectures précédentes. Nous pouvons lire et relire un texte plusieurs fois et constamment y trouver des fautes. Plus nous connaissons un texte, plus c'est difficile d'y voir les coquilles et les fautes d'orthographe.

C'est ainsi que fonctionne notre perception qui est toujours valable, légitime; un point de vue possible étant donné la perception qui la détermine. Dès que nous tenons notre point de vue pour acquis, comme *la* norme et non comme *une* interprétation possible, issue de notre vécu, nous agissons à partir de quelque chose d'irréel (notre perception) en pensant que c'est réel. Dans ce cas, la corrélation entre notre action et ce qui la motive est dysfonctionnelle. Je reviendrai plus en détail sur cette notion très importante au chapitre 4[8].

Si nous percevons une situation comme menaçante, nous nous protégeons. Si, par contre, nous la percevons comme agréable, nous nous laisserons aller au plaisir qu'elle nous procure. La même situation peut être perçue de façon complètement différente par deux individus. Il y a plusieurs années, un ami qui a habité à quelques kilomètres d'un petit village reculé d'Afrique m'a raconté l'anecdote suivante. Il allait une fois par semaine s'approvisionner au magasin général. Lorsqu'il achetait du sucre, le commerçant le mettait dans un papier journal, car il n'avait pas de sac. Il repliait les bords du journal du mieux qu'il pouvait et mon ami perdait toujours un peu de sucre en cours de route. Un jour, il passe sa commande de sucre et, à son grand étonnement, il voit le commerçant prendre un sac de papier sur le comptoir. Quelle ne fut pas sa surprise de le voir saisir le sac, le découper pour l'aplatir comme

8. Voir la rubrique «L'affirmation», à la page 119.

du papier journal, y mettre le sucre et en replier les bords, avant que mon ami ait pu l'arrêter ! Il n'y avait pas de sac pour ce commerçant, seulement du papier qui n'avait pas la forme recherchée.

J'ai habité en Allemagne au début des années 1990. Un jour, je cherche un veston que j'avais donné au nettoyeur. Habituellement, ici au Canada, on me remettait mon veston sur un cintre, recouvert d'un plastique translucide. Aussi, j'ai été sidérée de voir la préposée enlever mon veston du cintre sur lequel il reposait, le poser à plat sur le comptoir, le plier sur lui-même et le mettre dans un sac de plastique ! Je trouvais absurde de presser un veston pour ensuite le plier et le mettre dans un sac, mais pas cette préposée.

Pour conclure ce lien si fort entre perception et action, les policiers sont apparemment très déçus lorsque plusieurs personnes sont témoins d'un accident. Ils savent qu'ils devront composer avec des témoignages contradictoires et que ce sera plus difficile de savoir ce qui s'est passé. Chacun y va de sa version, convaincu de détenir *la* vérité et d'avoir vraiment vu ce qui s'est passé. Cette façon automatique de répondre à notre environnement joue un rôle fondamental dans nos communications et nos comportements.

Ainsi, lorsque nous sommes en présence d'un autre, il y a au premier plan les gestes faits, tout ce qui est dit, entendu, tout ce que nous pouvons percevoir avec nos sens. Il y a aussi un autre plan invisible : l'arrière-plan. Il est constitué par la perception des acteurs en cause, leurs automatismes, le non-dit, etc. J'aime bien comment le linguiste états-unien Noam Chomsky[9] distingue ces deux plans :

- Une structure profonde qui contient les informations non exprimées : elle est au niveau de l'inconscient ;

---

9. Noam Chomsky (1928) est professeur émérite de linguistique au Massachusetts Institute of Technology. Considéré comme le fondateur de la grammaire générative et transformationnelle, il est également célèbre pour son engagement politique et se définit lui-même comme un anarchiste socialiste. (Source : Wikipédia, consulté le 9 mars 2009.)

- Une structure de surface qui est proposée à la conscience ou à un interlocuteur: c'est le discours verbal de la communication, les mots échangés[10].

Il vous est sûrement déjà arrivé de vous trouver dans une réunion ou une présentation et que quelqu'un vous pose une question qui vous déstabilise. Vous avez essayé tant bien que mal de redresser la situation. Vous vous en êtes bien sorti, tant mieux; ou vous avez perdu la face et là, ça fait mal. Vous vous êtes certainement demandé comment éviter de vous faire piéger à l'avenir. C'est impossible. Il peut toujours y avoir dans un groupe une ou plusieurs personnes qui réagissent à vos propos et dont la réaction vous dérange. Leurs mobiles vont varier, mais pour vous, le résultat est le même, vous êtes pris de court.

Les notions de premier plan et d'arrière-plan vous permettront de mieux comprendre ce qui se passe. Vous pourrez ainsi intervenir d'une façon beaucoup plus efficace à l'avenir. Considérons que les propos de cette personne sont au premier plan; tout le monde peut les entendre (la structure de surface de Chomsky). Par contre, ses intentions sont à l'arrière-plan (la structure profonde); personne ne les entend, mais certains vont les ressentir sans pouvoir mettre le doigt dessus. Votre tâche consiste donc à ramener au premier plan ce qui est à l'arrière-plan. Voilà un exercice très délicat et très important. Ce sont toujours les intentions d'arrière-plan qui mènent le bal et tant que nous ne les avons pas ramenées au premier plan pour les régler, elles vont nous hanter.

N'hésitez pas à demander aux gens de dire franchement ce qu'ils pensent. Vous pouvez aussi leur dire ce que vous entendez ou pensez qu'ils veulent dire. Si vous ne le faites pas comme conférencier ou présentateur, vous risquerez votre crédibilité. Vous serez toujours respecté si vous tentez avec doigté de ramener au premier plan l'intention cachée à l'arrière-plan.

10. Longin, p. 65.

Lorsque nous nous trouvons devant un groupe, nous sommes exposés à nous faire attaquer. Alors, tant qu'à être en danger et à courir des risques, aussi bien y aller à fond et oser demander à certaines personnes de dire vraiment ce qu'elles pensent, sans détour. Vous en serez remercié, croyez-moi. En voici un bel exemple où un ami conférencier a mis cette notion en pratique. Il fait souvent des fautes d'orthographe. Lors de sa présentation à un groupe de gens très instruits, un homme a fait allusion à quelques reprises à ses fautes de français. Après quelques interventions de sa part, mon ami lui a demandé s'il cherchait à le prendre en défaut ou s'il voulait vraiment corriger ses fautes. Gêné, le participant a bafouillé une réponse incompréhensible, s'est rassis et n'est plus intervenu. Plusieurs participants sont venus voir mon ami à la fin de sa conférence pour le féliciter de son intervention. La personne qui le reprenait sans cesse faisait cela aussi avec ses collaborateurs qui étaient énervés par son comportement et ne savaient pas comment faire pour l'arrêter.

En résumé, nous connaissons maintenant un premier élément du milieu ambiant de la communication : mes actions, mes paroles ne sont pas le fruit de ma réflexion, mais de ma perception issue du pilote automatique (être-jeté). Ce pilote automatique est toujours-et-déjà-là, en permanence, fidèle au poste.

L'écoute

Savoir écouter est une compétence essentielle à acquérir pour quiconque veut agir efficacement. Elle est heureusement à la portée de tous et s'apprend facilement.

Nous avons deux récepteurs pour entendre. D'abord, nous entendons avec nos sens : oreilles et yeux. Nous entendons les ondes émises par les cordes vocales d'une autre personne que notre conduit auditif envoie au cerveau pour être décodées. Nous entendons aussi avec nos yeux en percevant le langage corporel de notre interlocuteur qui ajoute à ce que nos oreilles perçoivent. Plusieurs livres ont été écrits sur le sujet, entre autres par Philippe Turchet[11], pour décoder le message envoyé par chacun de nos gestes. Ensuite, nous écoutons avec notre ressenti. Nous entendons littéralement l'émotion vécue par notre interlocuteur au moment où il nous parle. Ce ressenti nous permet de percevoir l'arrière-plan invisible, alors que nos sens entendent le premier plan perceptible. Il capte le non-dit, l'attitude, l'humeur, tout ce que nos autres sens ne peuvent discerner. Décoder le message perçu par ce récepteur n'est pas chose aisée.

Nous sommes sensibles à l'intervalle entre ce que nos sens et notre ressenti perçoivent. La plupart du temps, nous restons avec un malaise, quelque chose de pas clair, sans trop pouvoir le nommer. Lorsque c'est le cas, il est très utile de faire l'effort de ramener ce malaise à la conscience, plutôt que de le balayer du revers de la main, l'ignorer ou nous dire que nous nous imaginons des choses. Selon la situation, juste le fait d'en prendre note, d'être vigilants peut nous éviter des problèmes plus tard.

Lorsque ce que nous pensons et ressentons ne concorde pas avec nos paroles, c'est en général cela que les gens entendent et retiennent. Je dis entendre, mais en réalité, ils perçoivent inconsciemment le malaise à l'origine du décalage. Sur le plan inconscient, je dirais même qu'ils perçoivent clairement le malaise, mais cette perception reste sur le plan inconscient, car la ramener au conscient serait difficile à aborder. Avoir le courage de le faire peut nous éviter une foule d'ennuis, puisque ce qui a motivé le malaise reviendra nous hanter, tôt ou tard, après avoir ralenti la progression de nos projets.

Un jour, je m'entretenais avec une personne qui travaille pour Immigration Canada. Elle me parlait d'une formation qu'elle avait suivie lorsqu'elle a commencé comme agente en immigration pour répondre, au téléphone, aux questions des États-uniens intéressés

---

11. Philippe Turchet, *La synergologie*, Éditions de l'Homme, 2000.

à venir s'établir au Canada. Les formateurs lui ont appris que les demandeurs de renseignements peuvent «entendre» ce que les agents à l'autre bout pensent. Du coup, il est devenu très important pour eux d'être francs et sincères avec leurs interlocuteurs, car ceux-ci savaient de toute façon à quoi s'en tenir. Par exemple, s'ils savaient que le visa ne serait pas délivré, les formateurs avisaient les agents d'Immigration Canada de dire la vérité à leurs clients dont la demande était refusée. Auparavant, ils auraient raconté quelque chose du genre: «Nous étudions encore votre demande» ou «Nous éprouvons des délais inhabituels dans le traitement des demandes», espérant ainsi que le demandeur se découragerait et abandonnerait de lui-même sa démarche. Les formateurs ont constaté que les gens sentaient que c'était faux et cela ne faisait que les irriter. Les agents disent maintenant les choses telles qu'elles sont et le rapport avec leurs clients s'en trouve grandement amélioré.

La notion de toujours-et-déjà-là, de soudaineté, d'immédiat de nos comportements s'applique aussi à notre écoute et agit comme un filtre, et ne permet d'entendre que ce que nous savons. Un bon exemple de ce phénomène est le dialogue de sourds. Une personne, A, parle et l'autre, B, répond quelque chose qui n'a aucun rapport avec ce que A vient de dire. Ce que A dit est filtré par l'écoute automatique que B entretient soit à son égard, soit à l'égard de ce que A a dit. C'est le genre de situation facile à observer lors d'un conflit. Lorsqu'une relation est difficile et que nous nous sentons menacés, notre liberté d'être authentiques se trouve réduite; il en va de même pour notre interlocuteur. Nous ne pouvons plus être spontanés. Nous sommes sur nos gardes, devons calculer nos gestes, peser nos mots, marcher sur des œufs, c'est très éprouvant sur le plan émotif. Cela limite notre liberté d'expression et celle de notre interlocuteur qui est captif de notre perception de lui. Ainsi, lorsque nous nous sentons insultés, nous n'écoutons plus la personne mais toutes les situations précédentes où nous nous sommes sentis insultés.

Heidegger rejette les notions d'objectivité (le monde physique prime) et de subjectivité (mes pensées et mes émotions priment). Je trouve ce point de vue absolument génial, car il relativise tout ce qui arrive. Il argumente qu'il est impossible de séparer le sujet (moi) de l'objet (le paysage que j'admire), car cela nie leur unité fondamentale, ce qu'il appelle être-au-monde[12]. L'un n'existe pas sans l'autre. Autrement dit, l'interpréteur et l'interprété sont indissociables. Exister signifie être interprété, et l'interprétation est l'existence[13]. Il n'y a pas un monde extérieur à nous dont nous sommes séparés et que nous observons à distance. Nous sommes partie prenante du monde que nous observons.

Selon cette approche, la vie en soi est vide de sens, elle n'a que le sens donné par l'observateur. Ainsi, tout notre univers baigne dans le sens que nous lui donnons, sans que nous soyons conscients de ce phénomène. C'est impossible de nous en défaire, c'est toujours là et déjà là. Tout est relatif, rien n'est absolu. Et il n'y a rien de bien ou de mal à cela, ça ne veut rien dire. C'est cela être humain. Il n'y a rien à changer, nous pouvons seulement être conscients de nous observer en train de nous observer, sachant que nous nous observons. Alors seulement pouvons-nous avoir accès à une autre interprétation que celle qui est automatique.

Je vous invite donc à remarquer de quelle façon nous classons ce qui nous entoure en bien et mal ; ce avec quoi nous sommes d'accord et ce avec quoi nous sommes en désaccord. Ce qui est bien et ce qui est mal sont une question de mode et sont relatifs. À une certaine époque, dans le sud des États-Unis, c'était bien d'avoir des esclaves et au nord, ça ne l'était pas. Aujourd'hui, l'esclavage est considéré comme mal dans certaines parties du monde alors que dans d'autres, il est considéré comme bien. En Inde, les gens pensent qu'être esclave fait partie du karma... meilleure chance à la prochaine incarnation ! C'est mal vu d'éructer à table dans notre

---

12. Anglais : *Being-in-the-World* ; allemand : *In-der-Welt-Sein*.
13. Flores, p. 31.

culture occidentale, alors qu'ailleurs c'est vu comme un signe d'appréciation du repas. Pour ces gens, ne pas faire des rots est mal vu. Cet automatisme que nous avons de tout classer en bien ou en mal façonne nos croyances. Croire que ceci est bien et que cela est mal nous sépare les uns des autres et explique les nombreux conflits qui affligent les habitants de la planète.

Lorsque nos croyances divergent, cela demande un grand équilibre affectif pour ne pas les laisser entraver les relations que nous entretenons les uns avec les autres, car nous risquons d'être souvent plus occupés à les défendre qu'à entendre ce que l'autre a à nous dire. C'est plus fort que nous, nos croyances sont tellement ancrées que notre seule porte de sortie est d'en être conscients lorsque nous sommes dans une situation difficile. Avec la conscience vient le choix. Nous pouvons choisir si une croyance est appropriée, si elle nous est utile selon la situation vécue ou si, au contraire, elle nous limite dans notre action. Autrement, nous sommes en pilotage automatique. Une fois éveillés et présents à nos croyances, nous pouvons nous défaire de leur emprise quand elles nous nuisent et nous emprisonnent dans notre position.

Je poursuis maintenant l'exploration de cette notion d'écoute si importante en communication. Examinons l'énoncé suivant: la portée de notre parole est fonction de l'écoute qui nous est accordée. Lorsque nous sommes avec des gens que nous connaissons, nous sommes précédés de notre réputation, bonne ou mauvaise. Au fil de nos rencontres, ces personnes se sont fait une opinion à notre sujet. Cela peut aussi se produire avec de nouvelles personnes à qui on a parlé de nous en bien ou en mal. L'écoute de ces personnes sera filtrée par les propos qu'elles auront entendus à notre sujet. Si leur écoute est favorable, nous pouvons dire quelque chose de banal et ce sera très bien reçu. Par contre, si elle est défavorable, nous pouvons dire la chose la plus brillante, elle risque d'être perçue comme une menace ou une ineptie. Donc, nous sommes rarement en situation où l'écoute est vierge; pour ainsi dire, elle est toujours teintée. D'où l'importance de «gérer» l'écoute qui nous est accordée. Je le recommande aux gestionnaires ou à toute personne qui occupe un poste en vue. Cela signifie d'être conscients de la perception des gens à notre sujet car elle va déterminer la portée de notre parole. Si nous devons demander un service ou l'exécution d'une tâche à quelqu'un qui nous considère comme incompétents, il y a de fortes chances que nous n'obtiendrons pas le même résultat que si cette personne nous tient en haute estime.

Lorsque vous avez quelque chose d'important à dire, avant même d'ouvrir la bouche, vous vous demandez : « Quelle écoute mon interlocuteur va-t-il m'accorder ? Les gens sont-ils prêts à entendre ce que j'ai à dire ? » Si la réponse est négative, que devez-vous faire pour être écouté ? À qui devez-vous vous adresser ? Vous tendez l'oreille pour écouter l'arrière-plan dans lequel vous parlez, car il est très difficile de parler sans être écouté. Vous pouvez le faire, mais cela demande beaucoup d'énergie et de détermination.

L'exemple qui suit m'a fait beaucoup réfléchir. Lorsque Kennedy a annoncé en 1961 que les États-uniens enverraient un homme sur la lune et qu'ils le ramèneraient sur terre avant la fin des années 1960, cela a causé tout un branle-bas de combat chez les scientifiques rattachés à la NASA. Le chef de l'équipe, Wernher von Braun, a dû embaucher plusieurs nouveaux ingénieurs et scientifiques. Les membres de son équipe voulaient alunir et décoller avec la fusée pour revenir sur terre. Tous leurs calculs échouaient. Un jeune ingénieur, embauché peu après la promesse de Kennedy, avait une autre idée. Il proposait d'envoyer un vaisseau spatial avec, à bord, un module lunaire. Une fois près de la lune, un astronaute demeurait dans le vaisseau principal, pendant que deux autres s'en détachaient à bord du module en direction de la lune. Pendant ce temps, l'astronaute dans le vaisseau faisait le tour de la lune. Une fois terminé le travail des deux astronautes, ces derniers décollaient à bord du module pour se rattacher au vaisseau. C'était l'approche du rendez-vous lunaire.

Lorsqu'il a fait les premières présentations de son idée, les vétérans de l'équipe de von Braun l'ont complètement rejetée, la trouvant farfelue. Il n'était qu'un petit nouveau, alors comment pouvait-il dire aux vétérans ce qu'il fallait faire? Le jeune ingénieur a fait des présentations devant différents auditoires pendant trois ans. Il ne s'est pas laissé abattre par leurs refus et, à force de persévérance, il a fini par être entendu. Devant cet exemple, je ne peux m'empêcher de penser que j'aurais sans doute quitté cette équipe. Sa détermination et son courage ont permis la réalisation d'un vieux rêve pour les êtres humains.

C'est donc essentiel que nous soyons attentifs à l'écoute de l'autre si nous voulons que notre message passe. Combien de fois mes amis, lorsqu'ils me rendent visite, me parlent avant même de vérifier si je suis au moins à portée d'écoute. Je dois alors leur dire que je suis à l'autre bout de l'appartement ou en train de me laver les mains et que le bruit de l'eau m'empêche de les entendre. Lorsque les gens me demandent de répéter, je formule autrement: je n'ai pas besoin de répéter une seconde fois. Lorsque c'est moi qui dois faire répéter, la plupart du temps, les gens disent exactement la même chose que je n'ai pas comprise la première fois. Si je n'ai toujours pas compris, je leur demande de formuler différemment ce qu'ils ont dit, afin d'éviter une autre répétition. En tout temps, je tiens à ce que soit entendu ce que j'ai à dire et à bien comprendre ce que les autres me disent. Je considère que cette vigilance m'évite beaucoup de problèmes.

Au tour maintenant de l'écoute active. Ici, les choses se corsent, car écouter, écouter vraiment, demande une véritable présence à l'autre. En fait, avez-vous remarqué qu'il est parfois très difficile d'écouter? Il arrive que les propos de notre interlocuteur réveillent toutes sortes d'émotions agréables ou désagréables. Dans le premier cas, tout va bien, profitons-en. Dans le second, nous réagissons alors à ce que nous entendons plutôt que d'être présents à ce qui est dit. Pour écouter activement, nous devons être attentifs à l'autre, à sa manière d'être, à ses gestes, à ce qu'il dit, au premier et à l'arrière-plan, tout en observant nos réactions.

Au début d'une relation amoureuse, c'est une façon d'écouter très naturelle. Nous buvons les paroles de l'être aimé, nous nous imprégnons de sa personne. Plus nous écoutons, plus nos relations sont satisfaisantes, car notre écoute guide notre parole. Les choses se gâtent lorsque nous nous sentons menacés. Il est alors essentiel d'être attentifs à nos réactions, lesquelles nous empêchent d'entendre ce qui est dit.

Commencez à observer ce qui se passe lorsque vous arrêtez d'écouter. En général, nous le faisons quand nous nous sentons attaqués, dominés, jugés, contrôlés. C'est important de le remarquer, d'en être conscients, car ce que nous disons est déterminé par ce que nous entendons. Qu'entendons-nous au juste ? Voilà la vraie question. Nous entendons, en majeure partie, ce que nous savons et croyons à propos de ce qui nous est dit.

Dans les situations difficiles, nous écoutons très peu ce que disent vraiment les autres. Leurs propos éveillent toutes sortes de réactions chez nous et c'est surtout elles que nous écoutons. Il s'ensuit le fameux dialogue de sourds dont j'ai déjà parlé. Pas étonnant que nos communications soient si ardues à certains moments. Nous ne répondons pas en fonction de ce qui est dit, mais en fonction de ce que nous pensons qui est dit à travers le filtre de notre écoute automatique, notre expérience, nos croyances, nos valeurs. Nous répondons alors pour contrer les effets sur nous de ce qui est dit et faire passer notre point de vue coûte que coûte. Nous réagissons de façon émotive, l'autre en fait autant, et je m'étonne que le monde fonctionne quand même un peu.

Je me souviens d'une expérience qui m'a beaucoup marquée. À une certaine époque, je me suis intéressée à la résolution de conflits. Un jour, j'ai eu le privilège d'observer une négociation patronale syndicale. Au début, les deux groupes sont arrivés et ont discuté de la partie de hockey de la veille. La conversation allait bon train et ils s'amusaient ferme. Pour moi qui ne connaissais personne, il était impossible de savoir qui appartenait à quel camp. Lorsque tous ont été présents, la négociation a débuté. C'est à ce moment-là que j'ai assisté à une transfiguration. Dès que chacun s'est retrouvé derrière sa table, la cohérence des échanges a instantanément pris fin. Une attitude de méfiance s'est installée, les réponses des uns n'avaient rien à voir avec les questions des autres, bref, le dialogue de sourds venait de s'installer. C'était fascinant de les avoir entendus parler de hockey d'une façon très amicale et cohérente dix minutes plus tôt, et subitement, comme sous l'effet d'un mauvais sort, voir la convivialité du début se transformer en rivalité. Chacun semblait avoir revêtu la personnalité propre à son rôle, au détriment de la sienne.

Vous vous souvenez de ce que j'ai dit sur nos automatismes évoqués par Heidegger? Les membres de chaque groupe étaient poussés à se comporter d'une certaine façon au début et d'une autre pendant la négociation. Visiblement, lorsque les uns demandaient quelque chose aux autres, l'écoute était pour le moins filtrée par leurs perceptions mutuelles très limitantes. Je sentais un passé à la fois très lourd et très présent entre les deux groupes. Les accusations fusaient de toutes parts. Ce jeu du blâme empêchait les gens d'entendre réellement ce qui se disait et de s'écouter.

Une écoute active demande beaucoup de générosité, aussi bien envers l'autre qu'envers nous-mêmes. Par écoute généreuse, j'entends d'être en relation avec les autres selon les possibilités qu'ils représentent plutôt que selon leurs limites. Cela exige de laisser l'autre parler sans préparer notre réponse. C'est de la haute voltige en communication, car nous entendons très souvent ce que nous savons et croyons, et non ce qui est dit. Prenez le temps de remarquer quand vous n'écoutez plus ou quand vous vous écoutez. Cela nous arrive tellement souvent de ne pas écouter que la seule chose à faire lorsque nous le remarquons, c'est de le reconnaître, de faire une pause et d'écouter de nouveau.

Dites-le à votre interlocuteur lorsque vous remarquez ne plus écouter et demandez-lui de répéter. Je le fais quand cela m'arrive. J'avoue simplement que je n'étais pas tout à fait là et que j'ai raté ce qui venait d'être dit. Les gens s'empressent de le faire. Remarquez aussi quand les autres ne vous écoutent pas. Si j'ai un doute, là aussi je demande si tout va bien, car j'ai l'impression d'avoir perdu mon interlocuteur. Il arrive souvent qu'il me dise être préoccupé par quelque chose et je l'encourage à faire ce qu'il faut avant de revenir dans la conversation. Après avoir passé un coup de fil ou donné une instruction à un collègue, nous poursuivons notre conversation.

Je considère avoir une excellente écoute et c'est aussi ce que les gens disent à mon sujet. Je ne suis cependant pas à l'abri de difficultés dans certaines circonstances où je suis moins sûre de moi. Un jour, j'ai exécuté un travail pour un autre consultant. Dans le cadre d'un programme de *coaching* pour cadres supérieurs, une dizaine de personnes qui entourent un gestionnaire donnent leur point de vue sur lui en tant que leader. Cela s'appelle un 360 (autrement dit, 360 degrés autour de la personne). Mon travail consistait à poser environ huit questions à ces gens. Je devais leur demander ce qu'ils avaient vu ou entendu pour justifier leur point de vue. C'est le genre de chose que je fais constamment avec mes propres clients au cours de mes formations et dans mes sessions de *coaching* depuis des années. Je peux faire cela les yeux fermés.

Lorsque j'ai remis le compte rendu des entrevues à mon ami consultant, il a commencé à souligner certains commentaires qui n'étaient pas étayés par une situation particulière et à me dire comment j'aurais pu aller chercher cette information. Je me suis mise immédiatement sur la défensive. Je sentais mes compétences remises en question. J'avais pourtant demandé aux gens de me donner des exemples précis. J'ai dû faire de très gros efforts pour arrêter de répéter que j'avais demandé que les commentaires soient appuyés d'observations et pour écouter ce que mon ami avait à me dire. Il a dû sentir ma réticence, car il m'a rassurée en me disant que mon travail était très bien fait, qu'il était très satisfait et voulait seulement me donner des idées pour améliorer la qualité d'un travail déjà bien fait. Il était conscient de ma façon de l'écouter et il a su s'y ajuster. Dès que je me suis rendu compte de la situation, j'ai réussi à entendre ses commentaires et compris quelque chose. Pendant ces entrevues, j'ai fait ce que j'avais l'habitude de faire dans un cadre complètement différent. Pour être efficace dans cette nouvelle situation, je n'avais qu'à apporter de légères mises au point. Dans cette conversation, je devais être généreuse envers moi-même et me donner la permission de ne pas être parfaite, de faire des erreurs, même dans un domaine que je maîtrise bien, et être prête à apprendre. À partir de ce moment-là, j'ai trouvé un nouveau plaisir à faire ce travail et j'ai pu écouter d'autres commentaires faits par mon ami.

L'écoute que nous avons envers l'autre détermine ce qu'il peut nous dire ou pas. Je fais toujours l'exercice suivant dans mes formations en communication. Essayez-le. Les participants s'assoient deux par deux et choisissent un rôle A et un rôle B. D'abord, je demande à A de parler à B d'un projet qui lui tient à cœur. Pendant que A lui parle, B fait semblant de ne pas être intéressé, regarde le plafond et semble préoccupé par autre chose. Au bout de quelques minutes, je demande à A de dire comment c'était de parler sans être écouté. Les gens rapportent avoir de la difficulté à trouver leurs mots, perdent le fil de leur pensée, bref, l'expérience est fort désagréable. Ensuite, je refais l'exercice, mais cette fois-ci B écoute A très attentivement. Après quelques minutes d'écoute active, A raconte que ses idées étaient claires, qu'il trouvait de nouvelles solutions pour son projet et qu'il avait une nouvelle énergie. Édifiant, non? Je glisse un message aux chefs d'entreprise, à tout responsable d'un projet et aux parents. Vous voulez tirer le meilleur de votre personnel, de vos équipiers et de vos enfants? Apprenez à leur consacrer toute votre attention lorsqu'ils s'adressent à vous. Renoncez à répondre à votre cellulaire ou à toute autre distraction.

Je reviens sur le dialogue de sourds. J'ai observé qu'il comporte au moins trois personnes, la plupart du temps quatre, sinon plus. Voici ce qui se passe, en prenant pour exemple un échange fictif entre deux personnages, Carole et Pierre. Carole dit quelque chose à Pierre qui répond d'une manière très désagréable, apparemment sans rapport avec ce qu'elle vient de lui dire. Étonnée, désarçonnée, elle tente de revenir à son propos et reçoit la même réaction. Reconnaissez-vous ce genre de situation ? Pierre est physiquement avec Carole, mais *émotivement*, à son insu et à celui de son interlocutrice, il s'adresse à une autre personne que les propos de Carole lui rappellent, d'où l'incohérence de sa réponse du point de vue de celle-ci. Ce que Carole dit au départ a provoqué une réaction chez Pierre qui s'est instantanément retrouvé avec une autre personne sur le plan affectif et a répondu à Carole physiquement, mais émotivement à cette autre personne. Il y a maintenant trois personnes en conversation.

Face à la réaction disproportionnée de Pierre à son égard (« Quelle mouche l'a piqué celui-là ? »), Carole peut très bien réagir à son tour et se retrouver aussi émotivement avec une autre personne, à son insu et à celui de Pierre. Nous sommes maintenant en présence de deux personnes sur le plan physique, plus deux autres, sinon plus, sur le plan émotif, donc quatre au minimum. Le dialogue de sourds est le fait que les deux personnes en présence ne se rendent pas compte qu'elles se parlent physiquement (premier plan), mais qu'elles sont ailleurs émotivement (arrière-plan) ! Il est donc normal qu'elles ne se comprennent pas, car en fait elles ne se parlent pas, tout en ayant l'air de le faire. Troublant, n'est-ce pas ? C'est à ce genre de situation que nous faisons référence lorsque nous disons à Carole de ne pas se sentir visée par les propos de Pierre. Ces personnes ont raison, car Pierre ne s'est pas adressé à elle, mais à une autre personne. Ces autres personnages qui entrent dans le dialogue, sans y être invités, peuvent être des parents, des patrons ou toute personne (souvent en position d'autorité) qui a laissé une empreinte affective limitante et non résolue.

Dans un dialogue de sourds, il y a toujours un rapport de force: si votre interlocuteur ou vous devez utiliser la force pour vous faire entendre, c'est que vous avez perdu le contrôle. Une personne cherche à dominer l'autre, qui cherche à éviter de l'être. Si vous vous trouvez dans ce genre de situation, mettez fin immédiatement à la conversation, c'est peine perdue, votre interlocuteur ou vous-même êtes ailleurs et vous ne pouvez pas vous entendre. Proposez-lui de reprendre la conversation plus tard, prétextez une urgence s'il le faut, mais de grâce, sortez de là au plus vite!

Une fois que vous avez retrouvé votre calme, demandez-vous à qui vous vous êtes adressé sur le plan émotif. Si vous pouvez arriver à la nommer, tant mieux, mais ce n'est pas nécessaire. Vous pouvez reprendre la conversation avec votre interlocuteur et rester présent, sans vous laisser entraîner par sa réaction. Il ne pourra pas continuer, car le dialogue de sourds implique que les deux personnes soient ailleurs. Si l'une des deux reste présente à l'autre, sans jugement, sans réaction, l'autre va revenir dans la conversation. Vous pourrez la poursuivre de façon productive, en revenant à votre objectif de départ, sans intrus.

Une première étape vers l'excellence en communication consiste d'abord à offrir une écoute généreuse à l'autre en acceptant ce qui est dit, et à nous-mêmes en acceptant de ne pas être parfaits et de réagir à ce que nous entendons. Ensuite, il nous faut nous assurer d'être écoutés à notre tour. C'est un défi de chaque instant, mais un beau défi qui rapporte énormément quand nous arrivons à le relever.

J'ajoute un autre élément à notre milieu ambiant: au pilote automatique (être-jeté) qui gouverne nos actions et qui nous aveugle (angle mort) s'ajoutent notre écoute automatique (toujours-et-déjà-là) et le sens que nous donnons constamment à tout et dans lequel nous baignons sans nous en rendre compte (être-au-monde). Nous évoluons automatiquement dans un monde où nos perceptions déterminent nos actions, où tout est classé par nos filtres. Maintenant que nous savons comment être écoutés et que nous pouvons écouter, nous devons tenir compte d'un dernier élément: notre parole et l'utilisation que nous en faisons.

La parole

Notre monde se manifeste par le langage. Sans le langage, rien n'existe. Il n'y a ni passé, ni présent, ni futur. Il n'y a que le moment présent, vide de sens. Notre univers est une interprétation. Les distinctions de température (chaud ou froid), d'humeur (bonne ou mauvaise) et de sens (bien ou mal) sont de nature linguistique. Notre réalité est une conversation que nous entretenons sur notre monde. Nous sommes d'accord avec ceci, contre cela. Nous aimons telle personne, mais nous évitons telle autre. Nous avons toutes sortes de conversations à propos de nos collègues de travail, des membres de notre famille, de nos amis. Examinons d'un peu plus près ce qui se passe.

Nous pouvons utiliser notre parole à différents usages: restreindre ce qui est possible, ouvrir de nouveaux horizons, décrire ce qui existe déjà, etc. Lorsque nous décrivons, nous donnons un compte rendu de notre observation d'un objet, d'une situation ou d'une personne. La table est ronde et a quatre pattes; la personne porte un manteau bleu en laine; la campagne de marketing a fait augmenter les ventes de 10 %. Nous décrivons quelque chose qui est déjà là. Cette façon de parler est très utile lorsque nous passons des statistiques en revue ou que nous examinons les états financiers de notre entreprise. Les statistiques décrivent une situation donnée et sont une aide indispensable pour diriger une organisation. Cependant, cette parole est appropriée uniquement lorsque nous voulons faire un retour sur le passé et ne nous est d'aucune utilité pour créer l'avenir.

Lorsque nous ouvrons de nouveaux horizons, nous donnons naissance à une idée qui n'existe pas. Ce langage permet de dépasser la situation dans laquelle nous nous trouvons et d'utiliser au mieux notre créativité. À mon avis, voilà un élément essentiel qui nous distingue vraiment des animaux.

Nous inventons par notre parole. Grâce à elle, nous détenons en même temps une arme de destruction massive (pour employer une expression à la mode) et une baguette magique. Nous pouvons contribuer à un climat de travail malsain par le commérage, les rumeurs, les insultes. Nous pouvons condamner un groupe à un triste sort en affirmant que les Noirs sont inférieurs aux Blancs. Dans ce type de communication, nous sommes confinés au passé et cherchons surtout à démontrer notre point de vue. Nous pouvons par ailleurs encourager un collègue en soulignant, devant plusieurs personnes, un travail bien fait. Nous entretenons une conversation, une réalité en lui donnant vie par notre parole ; elle a du poids. Nous avons raison de dire dans certaines circonstances que nous devons peser nos mots.

Nous pouvons détruire la réputation d'une personne en quelques mots par le commérage ; créer un autre monde par une déclaration inspirante. Ouvrir des possibilités n'est pas mieux que de les restreindre. Chacune de ces actions a des conséquences différentes. La question utile à se poser est la suivante : Qu'est-ce que notre parole va engendrer comme univers ? Nous pouvons faire bouger le monde par notre parole. Pour y arriver, nous devons faire preuve de rigueur. Cela signifie que lorsque nous disons que nous allons faire X, nous faisons X. Si nous changeons d'idée et que nous faisons Y, nous prévenons ceux à qui nous avons dit que nous allions faire X que nous avons changé d'idée et que nous allons dorénavant faire Y.

Si nous n'informons pas les gens concernés de notre changement de cap, nous créons un écart entre notre parole et nos actes. Même si personne ne fait allusion au décalage, tous en prennent bonne note. Cela ne passe jamais inaperçu, soyez-en certain. Une équation se fait dans la tête des gens : « Telle personne a dit qu'elle ferait X, elle fait Y sans mentionner ce qui a motivé le changement. » Cela peut passer une fois, deux fois peut-être, mais après sa parole perdra de son pouvoir. Elle aura « usé » l'écoute que les gens lui accordent. Ils ne pourront plus l'écouter attentivement, car ils sauront dorénavant qu'elle dit une chose et qu'elle en fait une autre sans les prévenir.

Comprenez-moi bien: le problème n'est pas de changer d'idée. C'est de le faire sans le reconnaître auprès de ceux qui nous ont entendu parler. Nous sommes responsables de la façon dont nous sommes écoutés en mentionnant notre changement de cap. Avis à ceux et à celles qui occupent des postes de direction. Les feux sont braqués sur vous en permanence. Dès que vous ouvrez la bouche pour dire quelque chose, vous créez des attentes autour de vous. Si vous n'y répondez pas adéquatement, vous perdrez toute crédibilité et vous vous demanderez ensuite pourquoi rien ne bouge quand vous parlez et pourquoi vous devez toujours répéter.

Votre parole est à ce point puissante qu'elle laisse sa trace dans le monde physique. Vous en doutez? Lisez le merveilleux livre de Masaru Emoto, *Messages From Water*. Ce chercheur japonais a photographié des gouttes d'eau congelées, curieux de voir si ces cristaux véhiculaient un message. Ses formidables photos ne laissent aucun doute à ce sujet. Il parle même d'une expérience faite par deux jeunes élèves à l'élémentaire qui ont placé deux contenants identiques à l'intérieur desquels se trouvait du riz cuit. Chaque jour pendant un mois, en revenant de l'école, ils s'adressaient à un contenant pour lui dire «Merci» et à l'autre, «Espèce d'imbécile». Au bout d'un mois, le riz qu'ils avaient remercié était presque fermenté et dégageait un arôme agréable de riz malté. Quant à l'autre, le riz était devenu noir et répandait une indescriptible odeur de putréfaction[14]. Nous sommes constitués à 70 % d'eau. Je vous laisse tirer vos propres conclusions.

Dans les chapitres suivants, j'examinerai sous différents angles la façon dont nous utilisons notre parole: consciente ou inconsciente. Vous y découvrirez la nature de la parole qui déplace les montagnes et de celle qui ralentit l'action. J'ai maintenant fait le tour du milieu ambiant dans lequel baignent nos communications.

---

14. Emoto, p. 89.

En résumé

Nous fonctionnons à travers nos perceptions façonnées par notre pilote automatique issu de nos expériences, notre culture, notre éducation. Nous en sommes inconscients, car nous sommes poussés instantanément à être d'une certaine façon. Plus notre niveau de conscience s'élève, plus nous sommes libres, présents, efficaces et créatifs. Cette façon d'être toujours-et-déjà-là peut soit soutenir nos relations, soit leur nuire. Dans ce dernier cas, nous pouvons l'observer pour mieux en comprendre l'origine et la modifier pour améliorer nos relations. Nous évoluons dans notre univers en y étant une partie intégrante (être-au-monde), avec le sens que nous lui donnons.

Plus nous écoutons et nous nous assurons à notre tour d'être écoutés, plus nos communications sont satisfaisantes et efficaces. Finalement, nous façonnons notre monde par notre parole en ouvrant ou en limitant ce qui est possible. Pour modifier notre univers, une attention particulière aux conversations que nous entretenons à notre sujet, au sujet de ceux qui nous entourent, à certaines situations, nous donnera des pistes de réflexion fort utiles. En étant présents à notre monde, au sens que nous lui donnons, à notre point de vue et à celui des autres, nous développons une meilleure compétence en communication.

Chapitre 2

La parole inconsciente

Au premier chapitre, j'ai abordé différentes façons d'utiliser notre parole : restreindre ce qui est possible, ouvrir de nouveaux horizons, décrire ce qui existe déjà. J'ai ensuite démontré que nous fonctionnons à partir de nos automatismes, façonnés par nos expériences de vie, ce qui nous donne notre angle mort, qui occulte une partie de ce qui nous entoure. J'ai aussi parlé de l'importance d'écouter et d'être écouté.

J'ai également mentionné que nous pouvons par notre parole restreindre ce qui est possible. Nous avons recours à cette façon réductrice de parler surtout quand nous sommes mécontents, frustrés, déçus, résignés ou apeurés. Poussés dans nos retranchements, nous nous défendons et devenons irresponsables, inconscients et agressifs. Cela se manifeste, entre autres, par la langue de bois, le commérage, la gérance d'estrade et le jeu du blâme. Afin de réaliser une exploration de qualité, je vous rappelle l'importance de conserver l'attitude curieuse du chercheur qui veut comprendre le phénomène qu'il observe. Nous pratiquons ces différentes activités assidûment et la tentation de nous justifier est très grande, voire irrésistible.

Remarquez à quel point vous chercherez à vous disculper lorsque vous vous reconnaîtrez. Renoncez à le faire et continuez à vous observer, à réfléchir et à être curieux. N'oubliez pas : commérer ou blâmer n'est ni bien ni mal, mais cela a des conséquences.

La langue de bois

L'encyclopédie des expressions[15] décrit la langue de bois comme un « discours fictif, stéréotypé, convenu et coupé de la réalité, dit "politiquement correct" ». Ce langage est apparu dans le contexte de la propagande politique. Alain Besançon et Françoise Thom ont souligné que la métaphore russe « langue de chêne », d'avant la révolution, servait à se moquer du style pesant de la bureaucratie tsarine. Avec le courant bolchevique, elle est devenue « langue de bois ». Les Polonais, sous Solidarnosc, ont eu l'audace de consacrer deux colloques au sujet de la langue de bois et de ses expressions. Il s'agit d'une langue qui non seulement n'exprime pas ce qui se passe, mais qui, en plus, empêche de le faire. Elle donne l'impression de faire de la communication, mais n'est qu'un langage figé, fictif, voire trompeur. L'expression « grand parleur, petit faiseur » résume bien cette idée.

C'est avant tout un langage abstrait, général et vidé de son sens sous le couvert de belles paroles. J'entends parler de la « société », du « gouvernement », des « marchés financiers », de la « communauté internationale », du « salariat ». La société, c'est vous et moi. Il en va de même pour le gouvernement ou la communauté internationale. Les marchés financiers, c'est votre argent et le mien dans des fonds de pension, des fonds mutuels ou des actions gérés par des gens en chair et en os qui prennent des décisions souvent très émotives. On va même jusqu'à personnifier ces abstractions. L'autre jour, j'ai entendu à la radio que « les marchés financiers pensent

15. http://www.mon-expression.info/langue-de-bois (consulté le 20 février 2008).

que la tendance va se maintenir». Une façon plus concrète serait de dire que les experts financiers affirment que la tendance va se maintenir.

En restant abstraits et en généralisant, nous n'avons pas besoin de nous engager. Si personne ne s'engage dans le temps ou la forme, rien ne se produira. Lorsqu'un journaliste parle des marchés financiers, il n'a pas besoin d'interpeller qui que ce soit. Personne n'est responsable. Les choses ne bougent que lorsqu'une seule personne est responsable. Un jour, pendant une intervention en rapprochement patronal syndical, je m'adresse à l'agent d'affaires (avocat) des membres du syndicat et lui demande des nouvelles des membres du comité Santé sécurité qui n'allait pas très bien la dernière fois que nous en avions parlé. Il me répond: «Les ressources permanentes allouées par l'employeur ne fonctionnent pas.» Je lui demande qui sont les «ressources permanentes» et qui est l'«employeur». J'ai dû poser ma question à trois reprises avant d'obtenir enfin des noms et de savoir que les «ressources permanentes» sont Pierre Tremblay et Paul Gagnon et que l'«employeur» est Jacques Côté, le directeur du personnel[16]. Difficile de rencontrer des «ressources permanentes» et un «employeur» d'une entreprise de 1 000 employés. C'est abstrait et c'est la meilleure façon de dépersonnaliser les gens. Il est beaucoup plus facile de rencontrer Pierre Tremblay, Paul Gagnon et Jacques Côté pour régler un problème.

Nous n'avons pas besoin de nous engager auprès des «ressources permanentes», mais nous pouvons le faire avec Jacques. C'est le monde à l'envers: nous personnalisons des abstractions et nous dépersonnalisons les gens. Il est reconnu que cette forme de langage permet aux êtres humains de s'entretuer. Un soldat ne tire pas sur un bon père de famille ou un frère aimé par ses proches. Il tire sur un terroriste, un ennemi, un révolutionnaire, un dissident, «une bête à deux pattes[17]», un ennemi du peuple. Commencez à affûter

16. Les noms sont fictifs.

17. Terme utilisé par les Israéliens en faisant référence aux Palestiniens.

votre écoute et remarquez ce que disent les gens lorsqu'ils parlent. S'engagent-ils ou non?

La langue de bois est utilisée par plusieurs de nos leaders. J'ai déjà lu qu'un auteur, dont je ne connais pas le nom, la qualifiait de *public lying* (mensonge public). Cette expression décrivait à merveille le phénomène. Nos leaders s'en servent surtout lorsqu'ils ont peur de s'engager. C'est tout à fait normal, car c'est difficile pour une personne en vue d'avouer devant les micros ne pas savoir, en conférence de presse, par crainte de l'effet sur son auditoire ou sur les journalistes. Les journalistes et les commentateurs parlent de «mission» en Afghanistan[18] au lieu de guerre, les États-uniens de *Patriot Act*, au lieu de loi martiale. C'est tout à fait légitime de le faire, car, en général, les enjeux sont importants et il est normal d'avoir peur. Mais c'est ainsi: être un leader est risqué.

Pour moi, le plus bel exemple est une séquence du film *Les invasions barbares* de Denys Arcand[19] où la directrice de l'hôpital sert un «discours de grand cru» en langue de bois au fils qui veut offrir à son père mourant de belles conditions de vie. C'est très sournois, car les paroles sont belles; nous pensons que cela veut dire quelque chose, mais nous restons avec une impression de vide. Après avoir entendu parler les adeptes de la langue de bois, je me demande ce qu'ils ont dit. C'est très facile d'être leurrés par ce genre de langage. Les gens qui le pratiquent avec brio ont le don de faire de belles tournures de phrases et de nous endormir. Mais si personne ne s'engage dans le temps et la forme, rien ne se produira. Ces gens-là cherchent avant tout à sauver la face, à jeter de la poudre aux yeux et à ne rien régler. Cette façon de parler a pour conséquence que rien ne bougera et, à la longue, les gens n'écoutent plus. Les utilisateurs de la langue de bois perdent toute crédibilité et pour certains, cela

---

18. Le gouvernement canadien a engagé des troupes dans ce pays au début de la guerre en 2001.

19. Cinéaste québécois qui a tourné ce film en 2003.

n'est pas important. Nous verrons au chapitre 3 comment parle une personne qui s'engage, qui se mouille.

Le commérage

Le commérage est le sport national de tous les êtres humains. Cette pratique est tellement répandue et naturelle que nous ne nous rendons même pas compte que nous nous y adonnons. Je souhaite vivement que cette lecture vous sensibilise à la haute toxicité de ce phénomène. Par commérage, j'entends une conversation au cours de laquelle une ou plusieurs personnes critiquent:

- une situation ou une autre personne, en son absence, en émettant leur opinion défavorable;
- sans tenir compte des conséquences de leur affirmation sur cette situation ou cette personne;
- sans aucune intention de régler quoi que ce soit.

Nous avons habituellement recours à cette forme de langage quand nous nous sentons impuissants face à une situation, que nous sommes déçus par une personne ou que nous voulons avoir raison et nous justifier, comme avec la langue de bois, et que nous nous plaignons. Le meilleur exemple où cette forme de communication est utilisée à outrance se trouve dans les romans-feuilletons ou certains téléromans. Tout le monde parle de tout le monde à tout le monde, sauf aux personnes concernées. C'est très important de ne pas en parler à ceux qui peuvent régler la situation, car il n'y aurait plus de raisons de se plaindre et plus de téléromans. Il s'ensuit toute une série de malentendus qui durent des semaines, des mois, des années, pour le plus grand bonheur des auditeurs et des scénaristes qui voient leur compte en banque gonfler. Ces émissions nous reflètent très fidèlement, n'est-ce pas? C'est sans doute ce qui explique leur succès. J'ai entendu un jour un réalisateur de séries télévisées dire que «des personnages fidèles, vertueux et en santé à la télé, c'est ennuyeux».

Le commérage peut littéralement tuer un esprit d'équipe ou de famille. Il a des effets destructeurs sur l'écoute d'une personne lorsqu'elle rencontre pour la première fois quelqu'un dont elle a entendu parler en mal. Cela demande à cette personne beaucoup de force de caractère pour ne pas être influencée négativement devant cet individu qui a fait les frais du commérage des autres. Nous sommes trop souvent inconscients du pouvoir de notre parole. Dans sa biographie de Montesquieu, Louis Desgraves relate les propos du grand penseur et résume de façon superbe mon idée:

> Partageant son temps entre l'étude et la lecture, Montesquieu aimait aussi se promener, s'entretenir avec ses hommes d'affaires et ses domestiques: «Dans mes terres, avec mes vassaux, je n'ai jamais voulu souffrir qu'on m'aigrît sur le compte de quelqu'un; quand on m'a dit: "Si vous saviez les discours qui ont été tenus! – Je ne veux pas savoir", ai-je répondu. Si ce qu'on me voulait rapporter était faux, je ne voulais pas courir le risque de le croire. S'il était vrai, je ne voulais pas prendre la peine de haïr un faquin[20].»

Si nous n'avons rien de favorable ou d'utile à dire sur une personne, nous nous taisons. Nous ratons souvent des occasions de nous taire dans ces cas-là, n'est-ce pas? Cela nous demande quelquefois de gros efforts, car l'envie de parler du côté sombre d'un individu qui nous est antipathique est franchement énorme.

Il arrive qu'on me demande mon avis sur une personne au sujet de laquelle je n'ai rien de positif à dire. Je préviens alors qu'il s'agit d'un point de vue très personnel et que ce n'est pas la vérité sur celle-ci. Je relate ce que j'ai vécu à son contact, en précisant que cela ne signifie pas que la même situation se reproduira. Je me contente de faire une mise en garde sous toutes réserves. Il m'arrive aussi de refuser tout commentaire en spécifiant que je n'ai rien de positif à dire et que je ne veux pas nuire à la réputation de la per-

20. Charles-Louis de Secondat, baron de La Brède et de Montesquieu, connu sous le nom de Montesquieu (1689-1755), est un moraliste, penseur politique, précurseur de la sociologie, philosophe et écrivain français des Lumières. (Source: Wikipédia, consulté le 25 mai 2009.) Citation tirée de L. Desgraves, p. 20. Faquin: homme méprisable et impertinent.

sonne. J'ai trouvé une excellente façon d'interrompre le commérage autour de moi. Lorsqu'une personne A se plaint à moi de la personne B, je demande à A d'en parler à B et de me dire quand elle (A) l'aura fait. En général, cette personne ne commère plus jamais avec moi. Je vous invite à en faire autant et vous contribuerez ainsi à l'assainissement de l'air autour de vous. Vous vous attirerez des gens dynamiques et positifs.

Même en étant pleinement consciente des effets néfastes du commérage pour mon environnement relationnel, il m'arrive malgré tout de m'y adonner, en prenant soin cependant de sélectionner mon auditoire. Quelquefois, avec des amis, nous nous entendons pour faire une séance de «râlage» sur la société, nos politiciens. Nous y allons carrément, sachant que cela n'aura d'autre effet que de nous soulager. Lorsque c'est terminé, nous nous disons que cela a fait du bien et nous n'avons aucune attente de voir changer les choses à propos desquelles nous avons râlé.

Je vous laisse méditer sur les deux textes suivants dont je ne connais pas la source. Je vous encourage à en faire des copies et à les afficher autour de vous.

M'avez-vous oublié?

Je m'appelle commérage. Je n'ai aucun respect pour la justice.

J'estropie sans tuer. Je brise les cœurs et démolis les vies.

Je suis rusé et méchant et prends des forces avec l'âge.

Plus on me cite, plus je suis cru.

Je prospère à tous les niveaux de la société.

Mes victimes n'ont aucune chance. Elles ne peuvent pas se protéger contre moi parce que je n'ai pas de visage, pas de nom.

Il est impossible de me mettre la main dessus. Plus vous essayez, plus je m'estompe.

Je ne suis l'ami de personne.

Une fois que j'ai entaché une réputation, ça n'est plus jamais pareil.

Je fais basculer des gouvernements et je détruis les mariages.

Je bousille des carrières, provoque des nuits sans sommeil, amène le chagrin et les indigestions.

J'engendre les soupçons et produis la désolation.

Je fais pleurer les innocents dans leur oreiller.

Commérage de bureau, commérage de boutique, commérage de fête.

Je fais les manchettes et cause des maux de tête.

Avant de répéter une histoire, demandez-vous : Est-ce vrai ? Est-ce juste ? Est-ce nécessaire ?

Si cela n'est pas le cas, taisez-vous !

Le test des trois passoires

Socrate avait, dans la Grèce antique, une haute réputation de sagesse. Quelqu'un vint un jour trouver le grand philosophe et lui dit :

« Sais-tu ce que je viens d'apprendre sur ton ami ?

– Un instant, répondit Socrate. Avant que tu me racontes, j'aimerais te faire passer un test, celui des trois passoires.

– Les trois passoires ?

– Mais oui, reprit Socrate. Avant de raconter toutes sortes de choses sur les autres, il est bon de prendre le temps de filtrer ce que l'on aimerait dire. C'est ce que j'appelle le test des trois passoires. La première passoire est celle de la vérité. As-tu vérifié si ce que tu veux me dire est vrai ?

– Non. J'en ai seulement entendu parler.

– Très bien. Tu ne sais donc pas si c'est la vérité. Essayons de filtrer autrement en utilisant une deuxième passoire, celle de la bonté. Ce que tu veux m'apprendre sur mon ami, est-ce quelque chose de bien ?

– Ah non ! Au contraire.

– Donc, continua Socrate, tu veux me raconter de mauvaises choses sur lui et tu n'es même pas certain si elles sont vraies. Tu peux peut-être encore passer le test, car il reste une passoire, celle de l'utilité. Est-il utile que tu m'apprennes ce que mon ami aurait fait ?

– Non, pas vraiment.

– Alors, conclut Socrate, si ce que tu as à me raconter n'est ni vrai, ni bien, ni utile, pourquoi vouloir me le dire?»

La gérance d'estrade

Cette merveilleuse expression issue du milieu sportif a émergé au Québec à la fin des années 1990. À l'Office de la langue française du Québec[21], on me dit que c'est une traduction du terme *stand manager*. Elle fait référence à ces spectateurs qui donnent leur opinion, commentent et discutent de ce qui s'est passé sans être des experts en la matière, tout en prétendant l'être. C'est aussi la personne qui donne son avis une fois que les experts ont parlé. Cette expression sportive est très révélatrice de certains comportements. Les propos de ces «gérants d'estrade» viennent *après* les faits. Ils sont dans les estrades, loin de l'action, et les joueurs ne les entendent pas. Non seulement leurs propos ne changent rien à ce qui s'est déjà passé, mais ils n'ont également aucun effet sur le cours des événements. Ce qu'ils veulent, c'est donner leur opinion et étaler leur sagesse sans égard à l'utilité de l'opération.

Cette façon de parler est parfaite lorsque nous sommes physiquement dans les estrades d'une joute sportive. Nous ne prétendons pas changer l'issue de la partie en nous y adonnant. Elle l'est beaucoup moins lorsque nous l'utilisons en espérant changer les choses dans notre famille, notre entreprise ou notre cercle d'amis. Lorsque je donne des formations en communication efficace, je demande aux participants d'évaluer le temps qu'ils passent à parler en gérant d'estrade dans leur milieu de travail. Ils me répondent souvent au moins 80 % et certains, davantage. Nous aimons nos opinions, nous les chérissons et nous les défendons à tout prix, n'est-ce pas?

Nous reconnaissons le gérant d'estrade au langage suivant: il faudrait; on devrait; il faut faire ceci; on doit faire cela. Lorsque

21. L'Académie française des Québécois.

vous entendrez ces termes, sachez que rien ne bougera. Pourquoi? Parce que personne ne s'est engagé envers un résultat précis. De plus, ce langage est coupé de ce qui se passe. Les «faudrait» et les «devrait» sont le reflet de nos opinions, de nos croyances, de nos désirs. Bien qu'ils soient tout à fait légitimes, ils n'ont rien à voir avec ce qui nous arrive. Tant que nous nous occupons de ce qui devrait être, nous n'acceptons pas ce qui est. C'est ce que j'ai appelé précédemment la corrélation dysfonctionnelle entre la réalité et l'action[22]. Cela peut vous sembler bien de parler de ce qu'il faudrait faire, sauf que cela ne change rien.

La plainte la plus fréquente dont on fait état dans mes formations est la suivante: plusieurs personnes parlent de ce qu'il faudrait faire en réunion, tout le monde est sous l'impression que puisqu'une chose a été mentionnée pendant la réunion, quelqu'un va s'en occuper. Mais puisque personne ne s'est engagé, rien ne bouge et personne ne comprend pourquoi rien ne bouge dans cette compagnie. Les gens commencent à arriver en retard aux réunions pour finalement les boycotter, puisqu'elles ne servent à rien. Je ne peux pas leur en vouloir, ils ont raison de s'y désintéresser. C'est ce qui explique que plusieurs ont hâte à la retraite. Ils se sentent tellement impuissants de changer ce qui ne leur convient pas au travail qu'ils y sont malheureux et ont hâte de faire enfin ce qu'ils veulent, sous-entendu retrouver leur pouvoir d'agir dans leur vie. J'ai remarqué que la plupart des gens qui ont ce pouvoir d'agir dans leur travail sont moins tentés par la retraite. De plus, il est bien connu que le «on» exclut la personne qui parle. Alors, pendant vos réunions, surveillez les «on devrait» et demandez à la personne qui le dit si elle veut s'occuper de régler cette situation, ou qu'elle émette son point de vue en précisant ne pas vouloir s'engager. Ainsi, tous sauront à quoi s'en tenir.

Il y a des moments appropriés pour donner son opinion. Un bon exemple est celui des tribunes radiophoniques. Tout le monde y

22. Voir la rubrique «Le pilote automatique», à la page 19.

va de son point de vue, de ce qu'il faudrait faire, de ce qu'on devrait dire; cela enrichit le débat, car c'est le but de l'opération. Nous voulons des opinions, pas des engagements. J'écoute ces tribunes assidûment et j'ai très souvent cheminé dans ma réflexion grâce aux commentaires d'auditeurs. C'est d'ailleurs la raison principale pour laquelle je les écoute.

Les séances de brassage d'idées sont aussi une occasion de donner son opinion, car, rappelons-le, il n'y a aucune intention de s'engager. L'idée est d'aller chercher le plus de points de vue possible. Ces sessions d'échange de perceptions sont très utiles car les idées des uns en donnent aux autres. C'est essentiel à la créativité. Malheureusement, si les règles du jeu ne sont pas claires, certains s'abstiendront de formuler leurs idées par peur de se voir demander de s'y engager sans pouvoir refuser, ou de peur que quelqu'un s'empare de leur idée pour en retirer le crédit. Lorsque les uns émettent des opinions alors que les autres attendent des engagements, une réunion devient rapidement pénible.

Encore une fois, tout le chapitre 3 est consacré à la façon de parler pour faire bouger les choses. Avant d'y arriver, nous devons examiner la dernière activité inconsciente: le jeu du blâme.

Le jeu du blâme...

... ou «c'est pas moi, c'est ma sœur». J'ai entendu cette formule lors d'un scandale politique où un ministre a reporté le blâme sur son sous-ministre. Le journaliste qui commentait l'affaire a dit que ce politicien jouait au jeu de «c'est pas moi, c'est ma sœur», jeu très pratiqué par les enfants qui ont peur d'être punis. J'ai trouvé l'expression absolument délicieuse et je lui sais gré de l'avoir utilisée, car je m'en sers abondamment depuis. Je ne sais malheureusement pas à qui en accorder la paternité. Une bonne amie m'a dit qu'elle vient d'une vieille chanson pour enfants dont le refrain est: «C'est pas moi, c'est ma sœur qu'a cassé la machine à vapeur.» Lorsque nous nous faisons prendre au piège ou que nous nous retrouvons dans une situation précaire, nous avons recours au jeu du blâme. L'ennui, c'est que nous avons des comportements d'enfants apeurés dans des corps d'adultes. Rares sont ceux qui ont le courage de dire: «Oui, j'ai gaffé, je suis désolé et je suis prêt à en assumer les conséquences.»

Nous sommes nés dans un monde où l'habitude est de critiquer, de blâmer et de discréditer les gens. Assistez à une session parlementaire et vous vous rendrez compte qu'un politicien n'est pris au sérieux que s'il hausse le ton et traîne les membres de l'autre parti dans la boue. Il doit même y avoir un arbitre en la personne du leader parlementaire[23] pour maintenir un peu de civilité dans les débats. C'est une triste farce! Beaucoup de nos leaders syndicaux, patronaux et autres accusent et blâment tout ce qui bouge. Lorsque je travaillais dans le domaine de la résolution de conflits patronaux et syndicaux, je faisais souvent face à la difficulté suivante: les délégués syndicaux étaient prêts à s'entendre avec leurs patrons, mais ils devaient montrer aux employés une façade de mésentente, sinon ils n'étaient pas pris au sérieux. Ils devaient être contre le patron, lui donner tort et frapper à grands coups de poing sur la table. Voilà ce que certains employés attendaient d'eux. Ces délégués syndicaux éprouvaient beaucoup de difficultés à leur faire comprendre qu'il était possible de s'entendre avec les patrons sans pour autant renoncer aux intérêts des employés syndiqués.

À l'inverse, lorsque les patrons voulaient s'entendre avec les délégués syndicaux, ils se faisaient reprocher par leurs contremaîtres de «coucher» avec les membres du syndicat. À cette époque, je parlais souvent à des médiateurs privés et l'un d'eux me confiait un problème auquel il était confronté dans son développement d'affaires: plusieurs de ses clients refusaient d'apparaître dans sa liste de clients, car ils ne voulaient pas donner l'impression, à d'éventuels ennemis, d'être «mous» puisqu'ils utilisaient la médiation. Ces clients

23. Les députés canadiens utilisent le modèle britannique avec un leader parlementaire.

avaient peur d'être davantage poursuivis s'ils projetaient cette image. Donner l'impression qu'ils n'utilisaient que la méthode dure des tribunaux, arène par excellence du jeu du blâme, leur semblait être plus efficace pour les décourager.

Blâmer, critiquer et accuser se pratique sur toute la planète, indépendamment de la culture locale. Nous apprenons à le faire très petits, dans notre famille, à la garderie, en regardant la télé. C'est un jeu très populaire. Tout le monde y joue sans l'avouer ouvertement, le but du jeu étant de se disculper pour bien paraître, et de trouver un bouc émissaire – une personne, des circonstances, la température, le marché boursier. Lorsque nous sommes occupés à blâmer ou à nous disculper, nous ne le sommes pas à trouver des solutions ou à comprendre ce qui s'est passé pour ne pas répéter une erreur. Une énergie folle se perd à prouver que nous avons raison. Nous croyons avoir gagné lorsque nous avons réussi à nous disculper et à rejeter la faute ailleurs. Nous ne reculons devant rien pour avoir raison, y compris sombrer dans le ridicule, car les êtres humains sont en général très créatifs lorsqu'il s'agit de ne pas assumer leurs responsabilités. J'étudierai plus en profondeur cette notion au chapitre 3 en abordant la grande question de la responsabilité.

Lorsque les choses se gâtent dans l'évolution d'un projet, nous nous trouvons des excuses, espérant ainsi nous éviter les accusations des autres ou nous consoler de ne pas avoir de résultats. Nous entretenons l'illusion d'acheter la paix en berçant les gens de nos excuses: nous pensons qu'une bonne excuse vaut un résultat. Peu de gens ont le courage de refuser l'excuse et de chercher ce qui n'a pas fonctionné. Alors, dans l'espoir que nous serons épargnés si nous épargnons les autres, un jeu secret de «Je te laisse blâmer et tu me laisses blâmer à mon tour» s'installe au sein des équipes et des familles. Ce petit jeu coûte très cher en vitalité, en expression de soi, en créativité et en bien-être, car nous sommes en réaction, en train de nous protéger et d'éviter d'être accusés.

Il y a un prix énorme à payer en fonctionnant ainsi. Cette façon de parler, tournée vers le passé, ne produit rien de nouveau et mine le moral des troupes. Que faire, me direz-vous ? Commencer à reconnaître et à comprendre nos imperfections, sans les cacher, en acceptant notre humanité et nos moments de faiblesse. Nous pouvons facilement être des machines à blâmer et à juger, c'est ainsi. Aussi, rien ne sert de nous blâmer parce que nous avons succombé à la tentation de jouer au jeu du blâme ! Il suffit alors de reconnaître que le blâme ne fonctionne pas et d'arrêter de l'utiliser[24].

Voici un bref tour d'horizon des manières de parler qui ralentissent l'évolution de nos projets. La première étape pour dépasser ces pratiques est d'en être conscients. Nous sommes portés à réagir d'une certaine façon dans le feu de l'action. Après coup, lorsque nous réalisons que notre réaction ne correspond pas à nos valeurs, nous pouvons revenir auprès des personnes concernées pour « nettoyer » les traces laissées par notre réaction. Nous faisons le ménage de notre maison, pourquoi pas de nos relations ? Quand nous parlons, que voulons-nous laisser comme empreinte chez ceux et celles qui nous entourent ? Est-ce que nous contribuons à polluer ou à assainir l'air ambiant ? Je vous propose de suivre ces étapes pour faire votre ménage relationnel :

- Dans le doute, vérifiez auprès des personnes concernées si vos actions ont eu un effet réducteur ou limitant pour elles ;
- Si c'est le cas, présentez-leur vos excuses, sans vous justifier ;
- Déclarez votre engagement envers une relation de qualité ;
- Promettez d'agir selon votre engagement.

Vous êtes capable du pire en commérant ou en blâmant et du meilleur lorsque vous êtes responsable, engagé et que vous acceptez

24. Vous trouverez à l'annexe 1, à la page 223, quelques étapes à suivre pour interrompre le jeu du blâme.

votre monde tel qu'il est. Avant de faire le tour de votre côté lumineux, voici une série de questions sur lesquelles méditer :

- Quelles raisons ou excuses avez-vous inventées pour réduire votre rendement au travail, dans votre famille ?
- Vous êtes-vous plaint ou avez-vous fait des remarques désobligeantes au sujet de vos collègues de travail, des membres de votre famille, de vos amis ?
- Qui avez-vous tenté de rallier à votre point de vue lorsque vous vous êtes plaint ?
- Êtes-vous prêt à renoncer à vos plaintes et à les retirer auprès des personnes avec lesquelles vous les avez partagées ?

En résumé

Nous avons recours à la parole inconsciente lorsque nous nous sentons menacés ou impuissants. Elle est composée de la langue de bois, du commérage, de la gérance d'estrade et du jeu du blâme. Ces façons de parler ralentissent l'action et créent un climat défavorable à la collaboration au sein d'un groupe. La seule manière de les neutraliser est d'être conscients de leurs effets pervers et de nous engager à y mettre fin.

Chapitre 3

La parole consciente

Maintenant que nous comprenons mieux l'usage de la parole qui pollue les relations, nous pouvons examiner ce qui se passe lorsque nous ouvrons de nouvelles possibilités, indépendamment du passé, avec une autre forme de parole. Je l'appelle la parole consciente. Commérer ou blâmer peut procurer certains plaisirs, je le reconnais. La pratique de la parole consciente en procure de bien plus grands.

Cette forme de langage demande un éveil soutenu. C'est le langage des leaders, des visionnaires, de ceux et de celles qui font avancer les choses pour le mieux-être de leur communauté. Cela demande de montrer du courage, de l'audace, de s'exposer ouvertement, de s'engager, d'être vulnérable. Les gens qui parlent ce langage ont une intention très claire de faire bouger les choses autour d'eux. George Bernard Shaw[25] les décrit très bien :

> « On blâme toujours les circonstances pour ce qu'on est devenu. Je ne crois pas aux circonstances. Les gens qui s'en tirent bien dans le monde sont ceux

25. George Bernard Shaw (1856-1950), écrivain irlandais, est l'auteur de romans, d'essais et de pièces de théâtre (*Le héros et le soldat*, 1894 ; *Pygmalion*, 1913 ; *Sainte Jeanne*, 1923) où le pessimisme est tempéré par l'humour. Il a reçu le prix Nobel de littérature en 1925. (Source : *Petit Larousse illustré 2007*.)

qui vont au-devant des circonstances favorables. S'ils ne les trouvent pas, ils les créent.

«Il y a ceux qui voient le monde tel qu'il est et qui se disent: pourquoi? Et il y a ceux qui voient le monde tel qu'il pourrait être et qui se disent: pourquoi pas?»

Et même Léonard de Vinci[26]:

«Je constate depuis longtemps que les créateurs n'attendent pas que les événements se produisent, ils agissent et les provoquent.»

«Il ne suffit pas de vouloir, il faut agir.»

Qu'est-ce qui distingue ce langage de celui du gérant d'estrade ou de celui qui pratique la langue de bois? L'acceptation, la responsabilité et l'engagement.

L'acceptation

Pour être conscients et présents, nous devons accepter ce qui est, surtout lorsque cela ne nous plaît pas. Voilà une tâche très difficile à accomplir, vous vous en doutez. Nous sommes plus habitués à tenter de changer les choses qui ne nous plaisent pas que de les accepter telles quelles. Quand nous considérons que les choses ne sont pas telles qu'elles devraient être, c'est qu'elles devraient être autrement, selon nos convictions et nos désirs. Nous réagissons, faisant un retour constant sur le passé. À ce moment-là, nous n'avons aucune liberté pour créer. Si nous réagissons d'une façon qui nous laisse sans puissance, nous n'avons pas ce que nous recherchons, nous sommes déçus. Nous pouvons nous enfoncer dans cette réaction ou au contraire chercher à retrouver notre liberté d'agir. Nous avons hérité à la fois du mode réactif et du mode créatif. Ainsi, nous sommes en mode réactif lorsque nous blâmons, réagissons,

26. Léonard de Vinci (1452-1519) est un peintre florentin, qui fut un homme d'esprit universel, à la fois artiste, scientifique, ingénieur, inventeur, anatomiste, peintre, sculpteur, architecte, urbaniste, botaniste, musicien, poète, philosophe et écrivain. (Source: Wikipédia, consulté le 10 mars 2009.)

nous plaignons, évitons, contrôlons, donnons notre opinion, concurrençons, manipulons. Nous sommes en mode créatif lorsque nous questionnons, sommes responsables, réfléchissons, demandons, collaborons, faisons confiance, reconnaissons les faits, nous informons, appuyons, sommes authentiques, francs et ouverts. Dans le premier cas, nous nous sentons menacés et, en général, dans un rapport de force avec l'autre. Dans le second, nous sommes curieux, ouverts et en sécurité avec l'autre.

Nous pensons souvent qu'accepter signifie être d'accord avec ce qui se passe et le subir. Cette confusion entre accepter et subir nous empêche de voir les circonstances ou les gens tels qu'ils sont. Lorsque nous subissons une situation, nous n'en voulons pas, nous voulons à tout prix nous en débarrasser. Nous pouvons très bien accepter un fait sans être d'accord avec celui-ci. Encore une fois, accepter ne veut pas dire subir ou être passifs. Nous acceptons le fait que des dirigeants d'entreprise fassent des profits mirobolants en causant toutes sortes de problèmes dans la communauté. Pensons aux compagnies de tabac, de pétrole, de boissons gazeuses, de véhicules à forte consommation d'essence. Ces dirigeants existent et reflètent notre niveau de conscience collective. C'est ainsi. Nous pouvons dire qu'il faudrait faire autrement, mais à moins de passer à l'acte, notre point de vue ne changera rien à la situation.

Je reconnais avoir mis un certain temps à accepter les dirigeants de ces compagnies. Au début, je refusais de donner des formations aux employés d'entreprises polluantes. Je ne voulais à aucun prix les aider à augmenter leur chiffre d'affaires. En même temps, je voyais bien que les condamner m'empêchait de pouvoir les aider à être conscients des effets de leurs actions sur l'environnement. En effet, il est impossible d'aider une personne que je blâme. Elle le sent et n'écoute pas mes «bons» conseils. En réalité, je ne veux pas vraiment aider cette personne, mais la changer pour qu'elle se conforme à mon point de vue. J'ai finalement réussi à accepter ces dirigeants, en me disant que ce qu'ils font n'est ni bien ni mal. C'est en côtoyant ces «méchants» que j'ai découvert des gens – pas tous, mais plusieurs – qui se rendent compte des effets nocifs de leurs activités et qui veulent les diminuer. Ce n'est pas facile pour eux, car ils se heurtent à toutes sortes d'obstacles. Je fais constamment des gestes polluants et me considère très mal placée pour juger ou condamner qui que ce soit qui pollue.

Si nous n'acceptons pas, nous n'avons d'autre choix que de condamner, critiquer, résister. Et dès que nous prenons ce chemin, nous sommes partiaux et tout un pan de la situation se trouve occulté. Dès que nous sommes contre quelque chose, un filtre épais s'installe. Nous nous mettons à voir ce qui nous donne raison et donne tort aux autres. Nous voilà partis pour la chasse aux preuves afin d'étayer notre point de vue. Et à force de chercher, nous finissons par trouver, vivant dans l'illusion que plus nous sommes nombreux à penser la même chose, plus cette chose devient vraie.

À une époque, beaucoup de gens pensaient que la terre était plate. Elle ne l'était pas pour autant. Quand il s'agit de promouvoir une cause, je préfère *travailler à* quelque chose plutôt que *lutter contre* quelque chose, remplacer une politique *contre le harcèlement* par une politique *pour un climat de travail sain*. Cela est plus stimulant, il n'y a pas la connotation lourde qui vient avec l'idée de nous battre contre quelqu'un que nous n'acceptons pas. Me battre, me défendre ou lutter contre est un langage qui divise, car il implique un ennemi à vaincre, que quelqu'un a tort alors que nous sommes tous dans le même bateau, quelle que soit la cause. Je préfère un langage plus inclusif comme œuvrer, mobiliser pour une cause, appuyer une vision.

Lorsque nous acceptons, nous sommes libres de créer, nous n'avons aucun besoin de changer quoi que ce soit pour qu'il se conforme à nos attentes. Avec l'acceptation, nous sommes en paix avec la situation telle qu'elle est, nous pouvons observer ce qui se passe. Il n'y a aucun blâme, seulement une ouverture d'esprit essentielle à la création, une présence à ce qui est, sans condamnation ni justification. Nous pouvons être curieux et ouverts à toutes sortes de solutions. Alors seulement notre esprit est en mesure de voir ce qui se passe, de comprendre et d'agir en fonction de ce qui est, plutôt qu'en fonction de nos émotions qui filtrent l'information. C'est normal d'être énervés ou bouleversés par une situation. Mais tant que nous n'aurons pas fait la paix avec la situation qui nous bouleverse, nos chances de la régler seront plus minces que si nous l'acceptons telle quelle. Lorsque nous nous libérons de nos croyances, nous retrouvons une vue globale de la situation. Nous pouvons être étonnés par ce que nous voyons. Alors, plutôt que de blâmer les autres pour ce qu'ils font, nous cherchons des solutions, des actions que nous pouvons engager à notre niveau pour réduire notre contribution à la pollution, par exemple.

Les mouchoirs en papier sont faits en majorité à partir de papier neuf, non recyclé. Donc, j'emploie des mouchoirs en tissu que je lave. Au lieu d'utiliser une machine à sécher, je me sers de la corde à linge en été et d'un séchoir à linge en hiver. Lorsque les dirigeants d'une entreprise font des efforts pour réduire leurs effets polluants, j'écris une lettre pour les féliciter. Dans le cas contraire, j'écris aussi pour leur demander d'agir autrement, en m'abstenant de les accuser, car mes recommandations seront moins écoutées.

La responsabilité

J'ai découvert, il y a plus de vingt-cinq ans, une manière de vivre la responsabilité au quotidien qui me rend la vie beaucoup plus simple. Depuis, je ne cesse d'approfondir cette notion si mal comprise et qui, pourtant, offre un potentiel de pouvoir personnel extraordinaire.

D'abord, plusieurs pensent que la responsabilité se partage dans une relation à 50-50. L'ennui avec ce point de vue, c'est que lorsque les choses se compliquent, ce n'est jamais nous qui sommes responsables de la complication, c'est l'autre. Nous avons fait notre 50 %, à l'autre d'en faire autant. Nous n'avons donc aucune liberté d'agir au-delà de notre 50 %, nous sommes prisonniers de l'autre, dépendants de sa bonne volonté de faire son 50 %. Cette approche nous limite dans notre action.

J'en propose une autre, mais avant, je vais distinguer deux types de responsabilité: la responsabilité juridique et la responsabilité ontologique. L'ontologie en tant que domaine est la partie de la philosophie qui s'intéresse à la nature et à l'organisation *a priori* de la réalité [27]. Pour *Le Petit Robert*, l'ontologie est la «partie de la métaphysique[28] qui s'applique à l'être en tant qu'être, indépendamment de ses déterminations particulières».

La responsabilité juridique nous est utile dans la conduite de la vie au quotidien. Par exemple, lors d'un accident d'automobile, nous devons déterminer qui est responsable. Même chose lorsqu'un bâtiment présente un vice de construction: le responsable doit être désigné et en assumer les conséquences. Ou encore lorsqu'un crime est commis. Nous nous sommes donné des règles de vie en commun avec les codes civil et criminel. Nous ne pouvons pas faire ce que nous voulons, quand nous voulons et comme nous voulons, car il y a un cadre juridique à respecter. Notre système juridique étant basé sur la punition, et quelquefois sur la vengeance, il est normal que la responsabilité soit associée à des notions de fardeau, de culpabilité, de devoirs et d'obligations. Cela demande beaucoup de maturité et de force personnelle pour reconnaître nos torts, nous en excuser et offrir de réparer les dégâts dans un tel contexte.

Ce système implique des jugements de bien-mal, bon-mauvais. Il y a les bons et les méchants, les victimes et les criminels. Il n'est pas étonnant qu'un procès devienne un rapport de force entre

---

27. http://websemantique.org/ontologie (consulté le 20 février 2008).
28. La métaphysique est une branche de la philosophie qui étudie les principes de la réalité au-delà de toute science particulière. Elle a aussi pour objet d'expliquer la nature ultime de l'être, du monde, de l'Univers et de notre interaction avec ce dernier. (Source: Wikipédia, consulté le 4 juin 2009.)

l'accusé et la victime. Le jeu consiste à prouver que l'un a raison et que l'autre a tort. Souvent, les émotions prennent le dessus et les gens n'hésitent pas à déformer les faits pour prouver leur innocence ou la culpabilité de l'autre. Ce n'est pas très réjouissant comme perspective, car en général dans ce système juridique, c'est le point de vue du plus fort qui l'emporte. C'est normal: ce système, avec sa notion de culpabilité, favorise l'antagonisme. On dit souvent «attaquer» quelqu'un en justice. Le verbe présage de ce qui attend les acteurs de ce drame en puissance.

La bonne nouvelle est qu'il y a une autre façon de voir la responsabilité: l'approche ontologique. La responsabilité au sens ontologique nous rend libres d'agir, car elle émane de notre être, de nous, c'est nous qui nous déclarons responsables, indépendamment des circonstances puisqu'elle émane de nous. L'étymologie du mot «responsable» vient du latin *responsus* qui signifie: répondre de ses actes. Au modèle 50-50, je vous propose le point de vue suivant: nous sommes 100 % responsables de l'expérience que nous vivons dans toute situation et des gestes que nous faisons face à tout ce qui nous arrive. J'ai bien dit tout, tout, tout: l'accident dans lequel nous sommes impliqués, la maladie qui nous afflige, nos pertes sur le marché boursier, le bon comme le moins bon. Autrement dit, nous sommes entièrement responsables de ce que nous faisons de l'événement que nous vivons ou que nous avons vécu. Cela signifie que nous nous sentons conscients, concernés, engagés par notre perception de ce qui se passe autour de nous. Pourquoi adopter cette position? Qui dit responsabilité dit pouvoir d'action. Si nous sommes responsables d'un dossier, nous pouvons agir. Si nous voulons faire bouger quelque chose, nous cherchons le responsable, n'est-ce pas? Ainsi, en étant responsables de l'expérience vécue dans une situation donnée, nous pouvons agir pour la corriger ou la maintenir. La responsabilité est donc une notion disponible seulement pour un adulte.

Quand nous sommes enfants, nous subissons ce qui nous arrive, nous n'en avons pas la responsabilité. Petits, nous ne pouvons pas agir, nous n'avons pas de pouvoir sur la situation que nous vivons. Nous ne sommes pas responsables du climat familial ou social, nos parents ou les personnes qui s'occupent de nous le sont. Nous ne pouvons pas changer ce que nous avons vécu enfants, mais nous avons le pouvoir de changer ce que nous faisons avec ce vécu une fois adultes.

Lorsque nous transférons la responsabilité à l'extérieur de nous, nous attaquons quelqu'un ou quelque chose. Nous blâmons les autres, ils se défendent et nous perdons ainsi notre pouvoir de changer le cours des choses. En ayant raison, en donnant tort aux autres, nous renonçons à notre pouvoir d'agir sur notre environnement, car nous sommes occupés à prouver notre point de vue. Cette attitude nous laisse impuissants, victimes et non adultes. Ce que nous disons ne change rien aux circonstances.

Sur le plan ontologique, tous les protagonistes dont il a été question précédemment sont responsables de leur expérience : l'accident d'auto, le vice de construction ou le crime. Il n'y a pas de coupable ou de victime. Si nous sommes impliqués dans un accident d'automobile, nous pouvons nous demander ce qui se passe dans notre vie pour que cette circonstance se présente à nous. Que devons-nous comprendre ? Quelle émotion cette circonstance nous fait-elle vivre ? Les réponses ne sont pas toujours rapides, mais les questions en valent la peine. Un jour, en me rendant chez un client, mon auto a dérapé et je me suis retrouvée dans le fossé, sans dommages heureusement. J'aurais pu blâmer la mauvaise température et la route glissante, premier réflexe légitime, et l'affaire aurait été réglée. Je me suis plutôt demandé pourquoi cela m'était arrivé à ce moment-là. Devais-je ralentir mes activités ? Dans quel domaine de ma vie les choses dérapaient-elles ? Je n'ai pas eu de réponse immédiate, mais au moins j'ai poursuivi ma réflexion. Ce questionnement m'a très souvent apporté des réponses qui m'ont fait grandement progresser.

Lorsque nous acceptons d'être responsables à 100 % de notre expérience et de nos gestes face à tout ce qui nous entoure, notre pouvoir d'action est illimité. Ainsi, des gens peuvent très bien se déclarer responsables de faire avancer de grandes causes, sans que personne ne leur demande quoi que ce soit. Je pense toujours à Gandhi[29], ce petit avocat frêle qui a déclaré que les Anglais quitteraient l'Inde de façon pacifique. Il a réussi sans même se faire élire, alors que le peuple subissait la colonisation anglaise depuis plus de deux cents ans. Ce niveau de responsabilité ne peut venir que de l'être (donc ontologique).

Sur le plan juridique, un juge peut déclarer quelqu'un coupable, donc responsable, mais sur le plan ontologique, il se peut très bien que l'accusé ne se sente pas responsable. Il peut rejeter sa responsabilité sur sa victime : elle m'a provoqué ou le système m'a encouragé à frauder. On ne peut pas rendre quiconque responsable de ses actes, car lui seul a le pouvoir de le faire. C'est une illusion que de penser pouvoir rendre quelqu'un responsable ou de responsabiliser des employés, comme j'entends souvent dire des dirigeants. Ils ne détiennent pas ce pouvoir. Seules les personnes concernées peuvent se déclarer responsables. Un dirigeant peut offrir à ses employés des conditions de travail qui favoriseront leur prise de responsabilité, mais ce sera aux employés que reviendra ultimement le pouvoir de se déclarer responsables ou pas et d'agir en conséquence. On peut cependant demander à quelqu'un de répondre de ses actes, ce qui n'a rien à voir avec le fait de le déclarer responsable. Il en sera davantage question au chapitre 5.

En échange de la puissance que nous donne le fait de nous déclarer responsables, nous devons renoncer à avoir raison, à donner tort, à nous plaindre. Souvent, nous ne voulons pas du pouvoir

---

29. Mohandas Karamchand Gandhi (1869-1948) était un dirigeant politique, un guide spirituel important de l'Inde et du mouvement pour l'indépendance de ce pays, qui eut lieu peu de temps avant sa mort.

d'action qui vient avec la responsabilité. Nous préférons critiquer et juger les autres et les circonstances, et en être les victimes. Il est plus facile de nous retrancher derrière nos justifications, excuses, raisons et nous enlever tout pouvoir d'agir. C'est moins risqué. Quel est le plus grand avantage à blâmer? Nous n'avons plus besoin de penser, de nous poser de questions, d'être conscients. Nous restons sur le pilote automatique. Ainsi, plus un dossier est chaud et lourd de conséquences, plus nous faisons référence à l'opinion des autres. Nous n'avons pas besoin de prendre une position qui pourrait être controversée et devoir la défendre, nous défendons ce que les autres disent. Si jamais ils ont tort, nous pouvons toujours les blâmer et nous plaindre d'avoir été induits en erreur par eux.

Nous abdiquons le formidable pouvoir d'influencer notre univers personnel lorsque nous nous blâmons. Nous blâmer ou nous donner tort équivaut à nous administrer un poison mortel. Cela nous rend malades! Lorsque nous nous disons: «Suis-je bête d'avoir dit ou fait cela!», nous nous flagellons. Cela ne change rien à ce qui s'est passé et nous empêche de nous observer et de chercher à comprendre ce qui nous a motivés. Nous nous sentons coupables.

J'aime bien le point de vue de Ingeborg Bosch Bonomo[30] sur ce sujet: «Le sentiment de culpabilité n'est pas une réaction adulte et il est toujours l'œuvre de la défense primaire (je ne suis bon à rien; tout est ma faute; je n'y arriverai pas; je suis nul). Admettre une erreur et faire ce qu'on peut pour la corriger, voilà une réaction adulte.» Lorsque nous nous sentons coupables, nous passons pour de bonnes personnes qui se sentent mal de ne pas être parfaites. Ce n'est pas être responsables. C'est plutôt rejeter le blâme sur une partie de nous hors de notre contrôle. «J'étais étourdi, incapable, incompétent, voilà pourquoi j'ai fait une erreur.» C'est très

30. Ingeborg Bosch Bonomo est psychothérapeute et créatrice d'une nouvelle approche, la PRI (*Past Reality Integration*), qui intègre à la conscience du présent les souffrances de la réalité passée. (*Illusions*, p. 61.)

subtil, n'est-ce pas? Il y a toujours du drame dans la culpabilité. «Je m'en veux. Comment ai-je pu faire une telle gaffe? Comme je suis bête! Pourquoi cela m'arrive-t-il à moi? Qu'est-ce que j'ai fait au bon Dieu pour mériter un tel sort?» ajoutons-nous.

Tant que nous nous plaignons, nous ne passons pas à l'action. C'est pourquoi Bonomo dit que la culpabilité n'est pas une réaction d'adulte, mais celle d'un enfant impuissant face à une situation qui le dépasse. Aussi, dites-vous bien, lorsque vous êtes en présence d'une personne qui se sent coupable, y compris vous-même, qu'elle est aux prises, sans le savoir, avec une situation d'enfance non réglée. En général, nous nous sentons mal ou coupables pour nous attirer l'empathie, l'approbation et la compassion des autres, comme un enfant blessé cherche à faire. La culpabilité et la «victimite» ont deux composantes: la souffrance et une histoire. Quand nous sommes responsables, il n'y a pas de drame, de souffrance, d'histoire ou de bouc émissaire. Nous reconnaissons avoir fait une erreur, nous nous en excusons auprès des personnes concernées et nous en assumons les conséquences. Point. Nous sommes présents à ce qui se passe, sans condamnation ni jugement. Beaucoup plus léger. Ce qui aide, c'est d'être attentifs, de nous observer et d'être conscients de ce que nous éprouvons, de ce qui nous a motivés au départ, libres de tout jugement ou de toute justification. Nous pouvons essayer de comprendre pourquoi nous avons fait cette erreur et chercher à la corriger dans le futur.

Dans le premier tome de la trilogie *Conversations avec Dieu*, Neale Donald Walsch présente l'idée suivante: «Lorsque je fais une erreur, je reconnais que cela ne représente pas qui je suis, je corrige et je continue. Si je récidive, je reconnais de nouveau que la situation ne représente pas qui je suis, je corrige, et ainsi de suite jusqu'à ce que j'y arrive[31].» Cela prendra le temps qu'il faudra, mais c'est ainsi que nous pouvons progresser. Être responsables signifie

31. Walsch, p. 118.

renoncer à «faire une carrière de victimes», comme le dit si bien Boris Cyrulnik[32].

Il nous arrive souvent de penser que les autres sont responsables de nos émotions. Nous considérons qu'ils nous mettent dans l'état où nous sommes, comme s'il y avait là un lien direct de cause à effet. Ce n'est pas aussi simple. J'ai souvent été témoin de situations où un patron s'emportait devant ses employés. Certains étaient affectés, d'autres pas. Puisque la même action (s'emporter) produit des effets différents selon la personne qui en fait les frais, cela me permet d'affirmer qu'il n'y a pas toujours de lien de cause à effet. L'émotion suscitée par une action varie selon l'expérience, le vécu et l'arrière-plan du récepteur. S'il y avait un lien entre l'action et l'émotion, nous aurions le pouvoir de provoquer à notre guise les émotions que nous désirons chez l'autre.

Nous pouvons cependant réussir dans certains cas lorsque nous savons quel geste faire pour énerver quelqu'un ou déclencher une réaction. Pour les gens qui emploient la culpabilité comme stratégie de manipulation, il leur est utile de maintenir le lien entre cause et effet. Quand des parents disent: «Ça fait de la peine à papa et à maman quand tu as de mauvaises notes», l'enfant est amené à croire que par son comportement, il est responsable de la douleur de ses parents. Nous observons la même dynamique dans les couples: «Cela me déçoit beaucoup que tu ne sois pas là pour mon anniversaire.» Le recours à cette stratégie de culpabilisation, à ce *tu* d'accusation: «*Tu* m'énerves», «*Tu* me fais du mal en faisant cela» tue littéralement la relation.

Pour nous approprier nos émotions et en être responsables, nous devons renoncer à les attribuer aux actes d'autrui. Un mot sur la fameuse expression «parler au *je*». Ce qui était d'abord une bonne idée a dérapé et nous entendons dire: «*Je* trouve que tu as

---

32. Boris Cyrulnik (1937), médecin, éthologue, neurologue et psychiatre français, auteur du concept de résilience (capacité à rebondir à la suite d'une difficulté).

tort» ou «*Je* pense que tu es agressif». Ici, nous sommes toujours en face d'une accusation, nous ne sommes pas plus avancés. Pour être vraiment responsables, l'énoncé doit commencer par un fait, suivi de l'émotion ressentie. Ainsi: «Lorsque le ton hausse (fait/observation), *je* me sens intimidée (émotion).» La responsabilité est ramenée à nous et est indépendante de l'autre personne.

Nous sommes donc 100 % responsables de ce que nous faisons avec tout ce qui nous arrive, y compris notre réaction au comportement de l'autre. Cette façon de voir les choses permet, si nous ne sommes pas satisfaits de l'émotion vécue, de nous interroger. Nous devenons curieux au lieu de condamner. Quelle est l'émotion vécue? D'où vient-elle? Il nous est tous arrivé de parler d'une tierce personne à un ami. Disons que je parle de Paul à Valérie. Je lui décris Paul comme pas du tout fiable et même négligent. Valérie me regarde d'un air étonné. Pour elle, c'est tout le contraire. Elle adore travailler avec lui, car elle peut se fier à son travail impeccable. Il s'agit pourtant de Paul, la même personne. Cet exemple démontre que Valérie a une expérience de Paul qui fait qu'elle en tire le meilleur, visiblement. Je peux alors me demander ce qui se passe pour moi et le corriger afin d'obtenir le même résultat avec Paul.

Les gens me présentent souvent l'objection suivante: «Oui, mais si nous sommes plusieurs à avoir la même opinion sur Paul, c'est qu'il est négligent, ça n'a rien à voir avec nous!» Au contraire, cela a beaucoup à voir avec nous. Nous avons vraiment le pouvoir d'influencer le comportement des autres en modifiant le nôtre. Souvenez-vous de l'exercice où B semble ennuyé des propos de A qui a de la difficulté à trouver ses mots, à suivre sa pensée. Nous jouons donc un rôle important dans la manière d'être qu'adoptent les autres envers nous.

Comme moi, vous avez certainement tenté de changer quelqu'un. Comme moi, vous en êtes probablement arrivé à la conclusion que c'est peine perdue. Nous pouvons seulement être conscients de notre perception des autres et en être responsables. Cette manière d'être demande du courage, beaucoup de générosité, de rigueur, de compassion et de renoncement à vouloir absolument avoir raison. C'est un changement radical d'attitude qui élimine le drame et nous donne des relations très satisfaisantes.

Je reconnais que c'est plus facile de faire le gérant d'estrade assis bien confortablement dans son salon avec des amis du même avis que le sien, que de prendre le temps d'écrire ou de téléphoner à son député pour faire avancer un dossier. Depuis que j'ai appris qu'une lettre équivaut à un nombre important de personnes qui pensent la même chose, je me donne la peine d'écrire ou de téléphoner. Je m'intéresse à cette notion de responsabilité depuis presque vingt-cinq ans pour en arriver à la conclusion suivante : nous sommes soit responsables, soit victimes. Nous pouvons être responsables de notre expérience et refuser d'agir ou de critiquer. Certaines situations que je considère comme injustes me troublent, mais je n'ai aucune intention d'agir pour les corriger. Il est clair que je peux le faire en me lançant en politique ou en militant pour une cause. Toutefois, je choisis de ne pas le faire. Je ne suis donc pas la victime des pollueurs et des politiciens qui ne tiennent pas parole, sauf dans mes séances de râlage occasionnelles. Je ne me plains jamais de ces personnes, je les accepte telles qu'elles sont et j'agis uniquement là où ça me fait plaisir, en écrivant ce livre, par exemple. Il n'y a pas de position entre les deux. Il faut choisir la chaise sur laquelle nous décidons de nous asseoir. Agir ou subir ? À vous de choisir...

L'engagement

De nombreux débats ont porté sur ce qui nous distinguait des animaux. Certains disent que c'est la parole, ce à quoi d'autres répondent que les animaux communiquent à leur façon. Nous avons même réussi à apprendre à parler à certains d'entre eux. Quant à moi, j'affirme qu'un autre des éléments importants qui nous distinguent des animaux (outre celui d'inventer l'avenir avec la parole) est notre capacité de nous engager. Cet engagement nous vient de nos valeurs, de ce qui nous tient à cœur.

Par le langage, nous exprimons notre engagement, une manifestation de nos intentions, de qui nous sommes. Pour Flores, l'essence du langage comme activité humaine ne tient pas dans sa capacité à refléter le monde, mais dans le fait qu'il crée l'engagement[33]. Le *coaching* et le leadership sont impossibles sans engagement. Vos engagements sont-ils déterminés par les circonstances ou les circonstances sont-elles déterminées par vos engagements? Souvenez-vous de la citation de Shaw. Est-ce que vous examinez ce qui est possible avant de vous engager ou est-ce que vous vous engagez et ferez ce qu'il faut pour arriver à votre but? Pour Austin, le père de la notion d'actes de parole, «notre parole, c'est notre engagement[34]». Quant à Jürgen Habermas[35], il a compris l'importance du lien entre les actes de parole et l'engagement:

> À ma connaissance, les analyses d'actes de parole que l'on a faites jusqu'à présent sont insatisfaisantes, dans la mesure où elles n'ont pas éclairci l'engagement du locuteur dont dépend de façon spécifique l'acceptabilité de son énonciation[36].

Les conversations efficaces sont caractérisées par une écoute et une parole faites dans un esprit d'engagement. Voici ce qu'en dit Flores:

> Le succès d'un acte de parole présuppose essentiellement que le locuteur prenne un engagement spécifique qui permette à l'écouteur de compter sur lui. Une parole peut compter comme une promesse, une affirmation, une demande, une question ou bien un aveu si, et uniquement si, le locuteur offre d'être prêt à la valider dans le cadre accepté par l'écouteur. Le locuteur

33. Flores, p. 123.
34. Austin, p. 44.
35. Jürgen Habermas (1929) est un philosophe et sociologue allemand qui s'est fait connaître surtout par ses travaux en philosophie sociale. (Source: Wikipédia, consulté le 25 mai 2009.)
36. Habermas, «Signification...», p. 403.

> doit s'engager lui-même, c'est-à-dire qu'il doit indiquer quand il va tirer certaines conséquences de son action dans certaines circonstances[37].

Cette notion d'engagement et de sincérité est le ciment du langage qui fait avancer nos projets. Elle engendre la confiance, climat essentiel à la créativité, à la bonne entente et aux résultats miraculeux. Le film *Apollo 13* illustre bien la puissance de l'engagement. À la suite d'une panne importante de la navette, les astronautes se réfugient dans le module lunaire. Cette panne change la donne complètement et met en péril leur retour. Le directeur de la mission réunit ses ingénieurs et autres collaborateurs pour faire le point. Ces derniers lui disent qu'il est impossible, selon leurs calculs, de ramener les trois astronautes sur la terre; ils n'ont pas assez de puissance. Le directeur leur répond qu'ils doivent retourner à leurs planches de travail pour trouver une solution, qu'il est hors de question d'échouer et que les astronautes reviendront sur terre, un point c'est tout. Toute son équipe se met alors au travail et finit par trouver une solution. Les astronautes sont ramenés sains et saufs. L'engagement de ce directeur de mission envers son objectif a galvanisé ses troupes et l'impossible a été réalisé.

Les actions des gens sont un indicateur important de leur niveau d'engagement. Lorsque les membres d'une équipe n'ont pas tous le même niveau d'engagement, un écart se creuse entre leur parole et leurs actions. Reste à voir si ce décalage sera abordé par les responsables, ce qui est toujours délicat. Encore une fois, j'en parlerai plus en détail lorsqu'il sera question de la promesse et du périlleux mais essentiel exercice de demander aux gens de rendre des comptes, de répondre de leurs actes.

S'engager représente un risque, celui de ne pas y arriver, d'être déçu, de mal paraître. C'est ce qui explique à mon avis que beaucoup de personnalités publiques se réfugient derrière la langue de bois. Dès qu'elles promettent, elles doivent rendre des comptes à

---

37. Flores, p. 59.

leurs concitoyens qui n'ont aucune idée de ce à quoi elles doivent faire face pour tenir parole. Le jugement de ces derniers peut être implacable et décourager plusieurs politiciens à s'engager. Mais c'est ainsi, c'est ça la vie d'un leader: s'engager, rendre des comptes, communiquer, ce n'est vraiment pas de tout repos.

Je pense, entre autres, à Michelle Bachelet, présidente du Chili. Ses électeurs s'attendaient à son élection en 2006 à la voir rapidement mettre en place plusieurs changements dont les citoyens avaient grandement besoin et qu'elle avait promis de réaliser. Mais c'était sans compter sur une arrière-garde de fonctionnaires et de politiciens très conservateurs qui se sont farouchement opposés à ses réformes. Elle a dû revenir sur sa parole, trouver des compromis pour gagner la confiance de ses détracteurs qui détenaient beaucoup plus de pouvoir qu'elle ne l'aurait soupçonné. Pour ses électeurs, qui ne se rendaient pas compte de sa réalité, une grande déception s'est installée en constatant que les changements promis tardaient à venir. Mme Bachelet ne pouvait pas se justifier en se plaignant de ces fonctionnaires. C'était à elle, en tant que leader, de les rallier à ses réformes.

Dès que nous nous engageons, nous créons un intervalle entre notre situation actuelle et le résultat visé. Cette situation crée forcément une tension, un inconfort, et peu de gens savent vivre dans cet état. Cela prend du courage et de la trempe de nous engager, ce n'est pas un exercice pour les dilettantes. Tous nos sens doivent être aux aguets pour trouver le chemin qui mènera à la réalisation de nos engagement. C'est ce qui permet de franchir les limites du possible pour découvrir de nouvelles forces, de nouvelles possibilités et d'avoir la satisfaction de réussir l'impossible. Lorsque nous osons nous aventurer à l'extérieur de notre zone de confort, des miracles sont à notre disposition.

Je reviendrai sur ce sujet au chapitre 6. Il faut retenir pour l'instant quelques caractéristiques de l'engagement. Il doit d'abord être motivé par un désir profond de réalisation personnelle, car il sera mis à rude épreuve. Si nous basons notre engagement sur une raison particulière, ce sera plus tentant de l'annuler si la raison disparaît. Il s'est écoulé sept ans entre le début de la rédaction de ce livre et sa publication. À travers les hauts et les bas de ces années, j'ai maintenu mon engagement de partager le plaisir que j'éprouve à utiliser les actes de parole. La raison pour laquelle j'ai entrepris la rédaction au départ faisait suite à la demande d'une amie qui voulait démarrer sa propre maison d'édition et qui cherchait des livres à publier. Elle m'a demandé si j'avais le goût d'en écrire un et j'ai immédiatement pensé au langage de l'action. Elle n'a jamais démarré sa maison d'édition et la raison initiale de mon engagement a disparu. Toutefois, mon grand désir de partager une approche de la vie a tenu le coup.

Ensuite, il est primordial d'avoir le choix de nous engager ou pas dans un projet. Cet aspect de l'engagement révèle toute sa portée dans un projet d'équipe. Si certains membres d'une équipe n'ont pas le choix de s'engager envers un projet et se sentent obligés d'y participer, ils obéiront. Lorsqu'une personne obéit, elle cesse de penser, car elle ne peut faire les deux en même temps. Un dirigeant doit choisir: soit il s'entoure de gens qui obéissent, soit il s'entoure de gens qui pensent. Je reviendrai également sur ce sujet au chapitre 6 lorsqu'il sera question de l'anatomie d'un projet d'équipe audacieux. Aussi, un engagement doit être régulièrement révisé, faute de devenir une obligation. Il se peut qu'en cours de route il ne corresponde plus à nos valeurs, à ce qui nous importe. Il est utile alors de le remettre en question et soit nous engager à nouveau, soit le révoquer en étant responsables des conséquences. Nous reconnaissons que les conséquences de certains engagements (comme le mariage, le licenciement de personnel, la rupture d'un contrat) nous incitent à éviter l'exercice de questionnement qui s'impose. Ce n'est jamais une bonne idée de l'éviter, car le faire nous emprisonne dans une situation dont nous devenons les victimes, nous privant ainsi de notre pouvoir d'action. Finalement, lorsque nous nous engageons, nous créons nous-mêmes un écart entre notre situation actuelle et celle visée. Nous nous mettons nous-mêmes dans une situation inconfortable et nous devons nous le rappeler constamment, surtout quand nous ne saurons plus comment y arriver. Une des causes du stress est justement l'écart entre nos attentes et la réalité.

Nous pouvons en tout temps reprendre notre parole. C'est d'ailleurs essentiel – pour pouvoir donner notre parole – d'être en mesure de la reprendre. Si nous ne pouvons pas le faire, nous en devenons prisonniers, nous n'avons pas de choix. Or, nous pouvons nous engager envers un objectif ou un projet et changer d'idée en cours de route. Mais il est tout de même délicat de reprendre notre parole, car en la donnant nous créons des attentes auprès de nos interlocuteurs. Ainsi, en la reprenant, une certaine écoute s'établit autour de nous. Nous devons à tout prix en être responsables et expliquer sincèrement ce qui motive notre changement de direction. Nous ne pouvons pas abuser du droit de reprendre notre parole sans conséquences. C'est ce que j'ai appelé au chapitre 1 « user l'écoute ». Si nous changeons souvent d'idée, nous perdrons notre crédibilité et l'écoute responsable des autres. Revenir sur notre parole sans être conscients des effets sur notre environnement relationnel ralentit la progression de nos projets. Je vous recommande de ne l'utiliser qu'en cas d'urgence, mais sachez le faire quand c'est nécessaire.

Commencez à observer ce qui se passe lorsque vous êtes efficace et que tout fonctionne à merveille. Remarquez que vous acceptez ce qui est et que vous êtes responsable et engagé à la réussite de l'activité que vous menez. Vous faites déjà cela sans vous en rendre compte. Aussi, lorsque les choses ne fonctionnent pas comme vous le voulez, posez-vous les questions suivantes : « Y a-t-il quelque chose que je n'accepte pas ? », « Est-ce que je refuse d'être responsable de quelque chose ? », « À quoi suis-je engagé dans cette situation, avec cette personne ? ». Vous aurez certainement plusieurs réponses qui vous guideront vers la maîtrise de l'acceptation, de la responsabilité et de l'engagement.

Passez maintenant votre projet en revue. Quel engagement vous motive à le réaliser ? Le faites-vous pour réparer quelque chose que vous n'acceptez pas (raison) ? Êtes-vous prêt à assumer pleinement la responsabilité de l'inconfort face à l'incertitude reliée à sa réalisation ?

Nous sommes maintenant prêts à aborder la deuxième partie qui traitera des actes de parole et la manière de les utiliser pour faire avancer nos projets.

En résumé (première partie)

Afin de pouvoir utiliser les actes de parole efficacement, nous devons nous rendre compte dans quel milieu ambiant baignent nos communications au quotidien.

- Nous avons des automatismes qui nous viennent de nos expériences de vie, de la culture du pays dans lequel nous vivons, de ce que nos parents et enseignants nous ont appris. Ces automatismes constituent l'arrière-plan de notre être qui colore le premier plan de nos communications et de nos actions. Cet arrière-plan nous donne un angle mort, lequel nous empêche de voir ce qui est au profit de ce que nous savons. Il filtre l'information qui nous parvient.
- Ces automatismes nous entraînent à tout classer en bien ou en mal, y compris les automatismes eux-mêmes, et nous empêchent de bien les observer pour les comprendre et les dépasser. Nous sommes poussés à agir d'une manière qui nous est propre, dirigés par notre pilote automatique.
- La façon dont nous sommes écoutés détermine ce que nous pouvons dire et, à l'inverse, notre façon d'écouter les autres détermine ce qu'ils peuvent dire.
- Plus nous acceptons une situation qui nous incommode, plus nous sommes efficaces à la changer.
- L'engagement est le carburant qui permet de faire avancer nos projets.
- Responsabilité égale pouvoir d'action.
- Nous pouvons utiliser notre parole pour :
  - circonscrire ce qui est possible ;
  - ouvrir de nouveaux horizons ;
  - décrire ce qui existe déjà.

Partie II

Le langage de l'action

Nous avons vu dans la partie précédente le milieu ambiant des communications constitué essentiellement de nos automatismes, de notre angle mort en matière de relations interpersonnelles, de l'importance d'écouter et d'être écouté pour avoir des communications efficaces et, finalement, du pouvoir de notre parole et de ses effets, selon l'utilisation que nous en faisons. Notre parole peut être consciente lorsque nous acceptons, sommes responsables et nous engageons ; ou inconsciente lorsque nous utilisons la langue de bois, le commérage, la gérance d'estrade ou le jeu du blâme.

Dans cette deuxième partie, je démontrerai comment utiliser les actes de parole pour faire avancer des projets en passant d'abord en revue ceux que nous avons retenus, à savoir la déclaration, la demande, la promesse et l'affirmation. Ensuite, j'examinerai leur utilisation au quotidien en les organisant et en les appliquant à des situations précises. Finalement, j'explorerai comment repousser les limites du possible en les maîtrisant.

Nous arrivons maintenant au cœur de l'action pour ainsi dire! Le plus difficile est derrière nous, nous arrivons au concret, au pratique. Je retracerai d'abord l'origine de l'expression «actes de parole». Ensuite, et surtout, nous verrons comment les mettre en pratique.

Chapitre 4

Les actes de parole

Le premier à avoir utilisé l'expression «actes de parole» (*speech acts*) est John L. Austin[38] au début des années 1960, mais c'est son étudiant, Searle, toujours dans la même décennie, qui en a approfondi l'analyse et a popularisé l'expression, aussi traduite par actes de discours ou de langage. Catherine Kerbrat-Orecchioni le cite:

> Premièrement, parler une langue, c'est réaliser des actes de langage, des actes comme: poser des affirmations, donner des ordres, poser des questions, faire des promesses, et ainsi de suite [...]; deuxièmement, ces actes sont en général rendus possibles par l'évidence de certaines règles régissant l'emploi des éléments linguistiques, et c'est conformément à ces règles qu'ils se réalisent[39].

38. «*Dire, c'est aussi faire*: même si l'idée n'est pas alors totalement nouvelle, c'est surtout au début du XXe siècle que l'on voit se répandre une sorte de prise de conscience de ce que l'on appelle aujourd'hui la dimension pragmatique du langage, prise de conscience qui apparaît dans différents champs de recherche relatifs aux sciences du langage – rhétorique et stylistique, sémiotique, sociologie du langage et, surtout, philosophie du langage. C'est d'abord à J. L. Austin, avec la publication, en 1962, de *How To Do Things With Words* (traduit en français par *Quand dire, c'est faire*), que l'on doit la constitution d'une véritable théorie de la linguistique *des actes de langage (speech acts)*.» Kerbrat-Orecchioni, p. 32.
39. Kerbrat-Orecchioni, p. 16.

De façon générale, les mots que nous utilisons sont une représentation. Quand nous disons «le chat», il ne s'agit pas du chat lui-même, mais bien d'une représentation d'un chat. Il n'y a pas de chat qui sort de notre bouche. Par contre, certains mots impliquent plus qu'une simple représentation. Sur le plan physique, par exemple, lorsque nous prenons un verre sur la table, une action est posée. Le verre passe de la table à notre main. Nous pouvons voir le changement de position du verre. Sur le plan linguistique, lorsqu'une personne déclare deux individus mariés, il y a une action. Cette déclaration n'est pas une représentation de mariage, c'est le mariage lui-même. L'état civil des personnes visées vient de changer instantanément. Austin dit que «quelque chose, *au moment même de l'énonciation, est effectué par la personne qui énonce*[40] ». Ils ne sont plus célibataires, ils sont mariés. Ils forment dorénavant un couple et cela entraîne des conséquences légales qui peuvent coûter très cher si l'on veut s'en sortir. Cette déclaration est suivie de la signature des parties (le couple, les témoins et la personne accréditée) et rend l'action officielle. Au moment où la déclaration est prononcée, nous ne pouvons pas voir sur le plan physique le changement d'état comme nous pouvons voir le changement d'état du verre qui passe de la table à notre main. Le registre qui contient les signatures est une trace physique de l'action qui a été réalisée par les paroles des personnes impliquées.

Pour Austin, quand nous disons «Je parie», les mots en soi sont l'acte de parier. Même chose quand nous disons «Je promets», il s'agit de la promesse en tant que telle et non d'une représentation de cette dernière. Quand nous disons «Je te salue», c'est un salut en soi, comme si nous faisions un signe de la main. C'est ce qu'il appelle des performatifs[41], car une action est posée sur-le-champ:

40. Italique dans le texte.

41. Se dit d'un verbe, d'un énoncé qui constitue simultanément l'action qu'il exprime. (Source: *Petit Larousse illustré 2007.*)

Prenons comme exemple l'emploi de «Je parie», en tant qu'il s'oppose aux emplois de ce verbe à un autre temps ou à une autre personne. «J'ai parié» et «Il parie» ne sont pas des performatifs; ils ne font que décrire des actions – la mienne, la sienne respectivement – dont chacune consiste à prononcer le performatif «Je parie». Si je dis «Je parie», je n'affirme pas que je prononce les mots «Je parie», ou d'autres mots, mais j'effectue l'acte de parier. De même, s'il dit qu'il parie – c'est-à-dire s'il dit les mots «Je parie», il parie. Mais si je dis «Il parie», j'affirme seulement qu'il prononce (ou plutôt a prononcé) «Je parie»: je n'effectue pas l'acte de parier – ce que lui seul peut faire. Je décris ce qu'il fait lorsqu'il effectue l'acte de parier, tandis que je fais mes propres paris, comme il doit faire les siens. C'est ainsi qu'un parent inquiet, quand il demande à son enfant de faire quelque chose, peut dire: «Il promet. N'est-ce pas, Willy?» Mais le petit Willy doit encore dire lui-même «Je promets» pour qu'il y ait vraiment promesse[42].

Austin ajoute: «[...] Nous avons établi comme distinction préliminaire que l'énonciation performative ne dit pas, ou ne se limite pas à dire quelque chose, mais qu'elle fait quelque chose. [...]» Ce qui nous intéresse avant tout, c'est l'aspect pratique de cette distinction (représentation contre acte) et ses conséquences dans nos rapports aux autres. Je vais passer en revue quatre actes de parole: la déclaration, la demande, la promesse et l'affirmation. Il en existe d'autres que je ne vais pas aborder. Il est d'ailleurs difficile, selon les experts, de classer les actes de parole et je vais m'abstenir de le faire. Ensuite, je montrerai leurs effets dans notre quotidien et expliquerai comment nous en servir pour faire bouger les choses autour de nous.

Les actes de parole appellent une action. Lorsque nous déclarons quelque chose, les gens s'attendent à ce que nous agissions en fonction de notre déclaration. Lorsque nous demandons, ils s'attendent aussi à ce que nous agissions en fonction de ce que nous avons demandé; il en va de même pour la promesse. Quant aux affirmations, lorsqu'elles sont émises dans un groupe au sujet d'un projet, ceux qui les entendent s'attendent à ce que des actions soient

42. Austin, p. 86.

faites à la suite de leur formulation. Il y a certaines conditions à satisfaire pour qu'un acte de parole le soit :

- l'engagement ;
- la sincérité ;
- le fait que la chose demandée ou promise ne se fera pas seule sans l'intervention de quelqu'un.

Searle dit que parler nous engage dans un mode de règles[43]. Donc, l'étude des actes de parole se fait dans un contexte de gens engagés, prêts à agir et sincères : c'est une règle de base. Cet aspect revêt la plus haute importance. Sans ces trois éléments, il n'y a pas d'acte véritable, seulement des paroles sans fondement et les actes de parole sont privés de leur pouvoir d'action. Selon Habermas, nous pouvons parler de la réussite d'un acte de parole lorsqu'il s'établit entre le locuteur et l'auditeur une relation – celle-là même que le locuteur voulait établir – et lorsque l'auditeur peut comprendre et accepter le contenu énoncé par le locuteur, dans le sens précis de son emploi : « [...] La sincérité de l'énonciation ne peut être vérifiée qu'à l'appui de la consistance de l'action ultérieure. Cette action met à l'épreuve l'engagement pris par l'acte de parole [...][44]. » L'expression « vouloir que les actions suivent la parole » est une traduction libre de *to walk the talk*[45]. Par conséquent, la force génératrice consiste dans le fait que le locuteur qui accomplit un acte de parole agit sur l'auditeur de telle façon que ce dernier puisse engager avec lui une relation interpersonnelle. Kerbrat-Orecchioni souligne avec une grande pertinence la chose suivante :

> On ne peut parler d'institution sans penser à l'institution juridique. S'il est une discipline qui est directement concernée par la question des actes de lan-

---

43. Searle, p. 41.
44. Habermas, « Signification... », p. 406.
45. Il y a aussi une traduction québécoise que je trouve moins élégante mais plus amusante : les bottines suivent les babines.

gage, c'est bien le droit, et les juristes n'ont pas attendu Austin pour considérer que le «dire» peut aussi être le «faire»:

> Nous savons qu'en droit les mots «font» tout ou presque – ils lient et délient les mariages, transfèrent ou partagent les biens, condamnent, jettent en prison, parfois tuent, créent des choses et des faits (juridiques bien sûr, pas matériels) ou les font disparaître sans traces – et que sais-je encore. (Grzegorczyk, 1986, p. 186-187.)

Quant aux non-juristes, ils s'accordent à considérer le droit comme le champ d'application privilégié de la notion d'acte de langage[46].

Elle mentionne en outre que Austin a élaboré sa théorie avec le concours du philosophe du droit Herbert L.A. Hart: «C'est à partir d'exemples empruntés au monde du droit qu'il illustre d'abord la notion de performatif.» Assez de théorie, passons maintenant à la pratique en débutant avec la déclaration.

La déclaration

Qu'est-ce qui fait que deux personnes sont mariées? L'amour qu'elles éprouvent l'une pour l'autre? Je connais des gens qui s'adorent et qui ne sont pas mariés. Leur engagement mutuel? Je connais aussi des gens qui se sont engagés l'un envers l'autre et qui ne sont pas mariés pour autant. Non, les gens sont mariés parce que quelqu'un (prêtre, maire ou officier de l'État), un jour, a prononcé les paroles suivantes: «Je vous déclare mariés.» Ensuite, les mariés se promettent d'être fidèles l'un à l'autre, de vivre sous le même toit, etc. Après cette déclaration, la vie des deux personnes n'est plus la même. Leur statut juridique change instantanément. Vous en doutez? Essayer de se soustraire à cette déclaration s'appelle un divorce et pourrait coûter très cher. Vous êtes mariés jusqu'à ce qu'une autre personne ayant l'autorité, normalement un juge, déclare le contraire, un divorce. La déclaration a également le pouvoir d'ouvrir un monde de possibilités, comme elle peut annoncer de mauvaises nouvelles s'il s'agit d'une déclaration de guerre.

46. Kerbrat-Orecchioni, p. 165.

Qu'est-ce qui fait qu'un pays existe? Un jour, un groupe de gens a proclamé l'existence de ce pays. Au début de 2008, les dirigeants du Kosovo ont déclaré unilatéralement son indépendance. Plusieurs chefs d'État ont soutenu cette déclaration, d'autres pas, entre autres les dirigeants serbes et russes. Ils ne considéraient pas ce geste comme légitime. Ce que ces dirigeants oublient, c'est que non seulement leurs pays respectifs existent à la suite d'une déclaration, mais que l'appartenance du Kosovo à la Serbie a aussi fait l'objet d'une déclaration, mais par un autre groupe de gens. À l'époque, les dirigeants du Kosovo n'étaient pas en mesure de déclarer leur indépendance, en 2008 oui. Pour que ce genre de déclaration soit valable, elle doit être reconnue par les autres pays. Les Kosovars ont donc eu un travail de diplomatie en perspective.

À l'instar de la responsabilité, je classe la déclaration en deux catégories: juridique ou pratique et ontologique. Voici ses caractéristiques:

- Elle est prononcée par une personne en position d'autorité par consensus social;
- Elle est sincère;
- Elle a, dans certains cas, un effet immédiat;
- Elle n'a besoin d'aucune preuve lorsqu'elle est ontologique, et se base sur des preuves lorsqu'elle est juridique ou pratique;
- Elle est formulée ainsi: «Je déclare que X est valable.»

La déclaration de type juridique ou pratique marque le début ou la fin de quelque chose et cela doit être fait par une personne autorisée. Par exemple, l'officier de l'État civil a le pouvoir de déclarer deux personnes mariées, ce que je ne peux pas faire. La formule consacrée est: «Je vous déclare mariés» et le mariage prend immédiatement effet. Une action vient d'être posée. Un autre exemple de la portée d'une déclaration est lorsqu'un jury donne son verdict et déclare un suspect coupable ou innocent. La vie de cette personne en est profondément affectée, dans un cas comme dans l'autre. La personne en position d'autorité l'est par consensus social:

- Vous êtes mariés: fonctionnaire accrédité;
- La balle est hors lignes: arbitre;
- Vous êtes coupable: juge;
- Vous êtes renvoyé: patron.

Dans les cas énumérés précédemment, l'effet est immédiat. La déclaration de ce type permet aussi d'ouvrir une séance ou d'y mettre fin. Nous n'utilisons pas le mot «déclarer», nous disons que la séance est ouverte ou qu'elle est levée. Dans ce cas, la personne qui prononce la déclaration le fait de façon sincère et compréhensible. Dans le monde du sport, les arbitres font beaucoup de déclarations. Ils ont l'autorité de déclarer que la partie commence, qu'il y a arrêt du jeu, punition, etc. Le déroulement de la partie dépend de leurs interventions. L'entraîneur fait aussi beaucoup de déclarations, mais d'une autre portée. Il a le pouvoir de déclarer qu'un joueur fait partie de l'équipe ou non.

La déclaration de type ontologique émane de notre être, de nous, de nos valeurs, de notre vision et ne requiert aucune preuve. Ainsi, l'entraîneur d'une équipe peut prendre des risques et s'aventurer en terrain inconnu. Aux Jeux olympiques d'hiver 2002, l'entraîneuse de l'équipe canadienne de hockey féminin a toujours dit que ses joueuses gagneraient la médaille d'or, en dépit du fait que les résultats de son équipe étaient insuffisants pour décrocher cette médaille. Elle a malgré tout tenu le cap et nous pouvons être sûrs qu'elle a fait beaucoup de demandes à ses joueuses qui, à leur tour, lui ont fait des promesses. Contre toute attente, elles ont gagné la médaille d'or.

La déclaration peut avoir une portée plus spectaculaire. Lorsque Gandhi a déclaré que les Anglais quitteraient l'Inde de façon pacifique, tous ont pensé qu'il était tombé sur la tête. Il n'avait pas besoin de preuves ou d'évidences de la faisabilité de la chose pour faire cette déclaration pour le moins audacieuse. Elle n'a laissé personne indifférent : cet homme a mobilisé toute une nation avec sa vision. Sa déclaration s'est concrétisée. Dans ce cas, l'effet n'a pas été immédiat. Le rôle d'un leader est de faire beaucoup de déclarations, car c'est ainsi qu'une nouvelle direction est donnée, qu'un nouveau chemin est tracé. Nous pouvons aussi en tant que personne faire des déclarations. Nous pouvons déclarer que nous sommes libres. Nous avons l'autorité pour le faire : nous n'avons pas besoin de donner de preuves. Nous pouvons même le déclarer alors que nous sommes en prison, car notre déclaration est de nature ontologique, elle n'a rien à voir avec les circonstances. Plusieurs prisonniers politiques ont mentionné que leur corps pouvait être emprisonné, mais que leur esprit demeurait libre. La déclaration tient compte de la réalité, mais elle n'est pas limitée par elle. Les déclarations qui ouvrent des possibilités ne demandent qu'un engagement envers ces dernières.

Je range aussi dans cette catégorie la reconnaissance publique de certaines actions ayant causé du tort. Différents papes ont déclaré inacceptables les traitements et les blessures infligés pendant le massacre de Constantinople (1204), durant l'Inquisition[47], et reconnu l'inaction des représentants de l'Église qui auraient pu protéger les Juifs durant la Deuxième Guerre mondiale. Le pape est investi de l'autorité nécessaire pour déclarer au nom de l'Église catholique. Nous supposons qu'il est sincère, car même si des gens font pression pour qu'il s'excuse, il n'est pas obligé de le faire, surtout pour ce qui est du massacre de Constantinople ou de l'Inquisition. Ce n'est pas facile de s'excuser ainsi pour quelqu'un qui se déclare « infaillible[48] ». Je me souviens d'avoir aussi entendu un responsable de la Belgique reconnaître auprès des Rwandais la participation du pays au génocide des Tutsis en 1994. Ces déclarations ouvrent

---

47. Difficile de mettre une date fixe, car il y a eu plusieurs Inquisitions, mais autour du XIIe au XVIe siècle, de façon interrompue.
48. Dogme défini depuis 1870, lors du concile du Vatican.

la possibilité d'un monde où ce genre de situations ne seront plus tolérées. Encore faut-il que les actes suivent la parole, me direz-vous. On ne s'en sort pas.

Ce premier acte de parole permet donc de créer de nouvelles possibilités ou de les réduire, selon l'intention du locuteur. Les visionnaires et les meneurs de notre société l'utilisent régulièrement. Ceux qui osent vraiment ne regardent pas les circonstances avant de parler. Ils voient une possibilité et ils l'expriment. Au moment où ils parlent, le monde change. Les politiciens du sud des États-Unis, à la suite de l'élection d'Abraham Lincoln comme président en 1860, ont réagi à ses positions anti-esclavagistes, déclenchant ainsi la guerre civile (1861-1865). Une fois la guerre terminée, il a déclaré l'abolition de l'esclavage. Lorsque des gens de cette trempe parlent, tout bascule, plus rien n'est pareil. Je dirais, dans ces cas, que la déclaration a d'abord été de nature ontologique pour avoir ensuite une portée juridique.

Certaines personnes déclarent et tout le monde écoute. D'autres en font autant et personne n'écoute. Au début, lorsque Gandhi a déclaré que les Anglais quitteraient l'Inde de façon pacifique, personne ne l'a pris au sérieux. Il a dû fournir des efforts soutenus pour rallier ses compatriotes à son objectif. Pour qu'une déclaration soit prise au sérieux, elle doit être suivie rapidement d'actions conséquentes, car l'auditoire qui la reçoit s'attend à ce que la personne passe aux actes. Si aucune action ne suit la déclaration, la personne perd de la crédibilité.

C'est ce qui se passe lorsque des personnes utilisent la langue de bois : la déclaration n'est pas suivie d'engagements sous forme de demandes et de promesses. Ou alors, des gens se déclarent leur amour et, la minute suivante, se chamaillent. Dès qu'il y a un écart entre la parole et l'action, un malaise s'installe, la déception s'incruste et les projets sont ralentis. Parfois, nous ne voulons pas reconnaître ce décalage, car cela soulèverait trop de questions difficiles auxquelles nous ne voulons pas répondre. Nous espérons que le temps arrangera les choses, ce qu'il ne fait pas toujours. C'est risqué de faire certaines déclarations. Cela nous attirera les réactions de notre entourage et nous devons être prêts à y faire face et à l'inclure dans le chemin à parcourir pour atteindre notre but.

Une fois qu'une parole est proclamée, des attentes sont créées et, si elles ne sont pas gérées adéquatement, la progression des projets sera affectée. Dans les années 1980, les représentants de l'Église unie du Canada ont entrepris une démarche d'excuses auprès des autochtones envers qui ils ont reconnu s'être conduits de façon dommageable dans la première moitié du XXe siècle. Cette démarche était très risquée pour eux, car ils craignaient que cela n'ouvre la porte à toutes sortes de poursuites judiciaires leur demandant de réparer financièrement les erreurs passées. C'est d'ailleurs la crainte partagée par toute autorité qui voudrait reconnaître certaines actions considérées comme ayant causé du tort à des êtres humains ou à des communautés.

Ce genre de démarche demande beaucoup plus de courage qu'il n'y paraît de prime abord. Aussi, les représentants de l'Église ont pris beaucoup de précautions lorsqu'ils ont formulé la reconnaissance de leurs actes. À mon avis, le Conseil des autochtones qui l'a reçue a réagi d'une manière très sage. Au lieu de célébrer l'événement, ils ont simplement pris acte de cette reconnaissance et ont attendu la suite des événements, sans rien ajouter. Pour eux, il s'agissait d'un premier pas. Ils s'attendaient ensuite à des actes concrets en accord avec la reconnaissance, comme des compensations financières. Les responsables de l'Église étaient un peu déçus de l'apparente froideur avec laquelle leur déclaration avait été reçue. L'attitude d'attente des autochtones les a forcés à aller plus loin dans leur démarche et les a obligés à être plus clairs dans la formulation de leur déclaration[49].

49. Russel, p. 108.

Dans son livre *Les actes de discours*, Daniel Vanderveken propose différents verbes de type déclaratif comme : renoncer, abdiquer, approuver, confirmer, sanctionner, entériner, ratifier, bénir, consacrer, condamner, innocenter, suspendre, ajourner, abolir, annuler, abroger, licencier, déshériter, baptiser, léguer, venir de déclarer[50]. Vous savez maintenant reconnaître une déclaration. Amusez-vous à déclarer, testez, pratiquez. Que pouvez-vous déclarer et à qui pouvez-vous le faire pour créer un avenir imprévisible, impensable ? Vous avez ciblé un objectif que vous désirez atteindre à la suite de la lecture de ce livre. Qu'êtes-vous prêt à déclarer au sujet de ce résultat souhaité ? Vous pouvez faire des déclarations qui ouvrent des mondes nouveaux ou vous pouvez tuer dans l'œuf une idée brillante. Dès que vous déclarez « Ceci est possible, cela ne l'est pas », vous contribuez à façonner votre monde. L'expression « peser ses mots » prend ici tout son sens. La prochaine fois que vous entendrez ou ferez une déclaration, soyez attentif à ses répercussions sur les gens qui l'entendent. Si vous la faites, quelles actions devez-vous faire pour la réaliser ? Et puisqu'une action est une demande ou une promesse, la suite vous sera utile pour donner du poids à votre parole.

La demande

Nous demandons toutes sortes de choses, toute la journée, sans trop nous en rendre compte. Dès que nous disons : « Peux-tu me passer le sel ? », nous formulons une demande et nous recevons le sel. Cela est très banal en soi et nous oublions à quel point nous avons le pouvoir de faire avancer les choses par une simple demande. D'autres demandes sont plus complexes comme une description de tâches pour un poste donné. Cela exige une analyse détaillée de gestes à faire, de responsabilités et de coordination avec d'autres personnes. Une bonne formulation de cette demande permettra à

---

50. Vanderveken, p. 188-198.

un employé de bien réussir et au gestionnaire d'atteindre les résultats recherchés. Lorsque cela n'est pas le cas, il s'ensuivra irritation, déception et malaise.

J'examinerai d'abord les caractéristiques de la demande, puis j'expliquerai la façon de nous en servir pour faire avancer des projets et influencer l'état de notre monde.

Voici les éléments d'une demande :

- Une action future (pas évident que cela se produira sans intervention) ;
- Une présupposition de la capacité à réaliser la demande ;
- Des critères de satisfaction ou des besoins clairement énoncés ;
- Un échéancier bien établi ;
- Un demandeur sincère ;
- Sa formule est : « Je te demande de faire X d'ici Y. »

Nous faisons une demande parce que nous avons en tête une action future. Nous appelons un client potentiel et nous lui demandons de nous rencontrer pour lui offrir nos services. Sans notre appel, cette rencontre ne se serait certainement pas produite. Ou alors, nous appelons un ami pour aller voir un film ou l'inviter à dîner. Pour Habermas : « Nous comprendrons un acte de parole si nous savons ce qui le rend acceptable[51]. »

Nous nous adressons ensuite à la bonne personne. Cela peut vous sembler évident mais combien de fois, pendant mes formations, des gens m'ont avoué avoir fait des demandes à des personnes qui n'étaient pas en mesure d'y répondre. Ils avaient peur de s'adresser à la bonne personne. Ces collaborateurs qui ne sont pas vraiment en mesure de répondre à la demande mais qui acceptent quand même, pensent devoir le faire pour ne pas perdre leur emploi ou pour faire plaisir. C'est alors que tout se complique. Pour éviter

51. Habermas, « Théorie... », p. 307.

ces situations non souhaitables, nous devons d'abord vérifier si notre interlocuteur a bel et bien les moyens de satisfaire notre demande. En d'autres mots, a-t-il les compétences pour y répondre? Sait-il quoi faire et où chercher ce dont il a besoin?

Puis, nous établissons clairement les critères de satisfaction ou nos besoins. Nous voulons un rapport des ventes en trois exemplaires sur quatre colonnes, avec les chiffres des deux derniers mois. Réfléchir à ce que nous désirons réellement avant de formuler la demande réduit les chances d'avoir un écart entre ce que nous demandons et ce que nous recevons. Puisque c'est nous qui faisons la demande, c'est à nous de nous assurer que tout est en place pour qu'elle se réalise.

Ensuite, nous fixons un échéancier qui peut être une limite temporelle. Il est impossible de gérer «le plus tôt possible» ou «quand tu pourras». Même dans les cas où rien ne presse, l'absence de délai laisse les choses dans le vague. Beaucoup de participants à mes ateliers pensent mettre les autres sous pression en spécifiant une date ou une heure à laquelle leur demande doit être exécutée. Ils ont raison. Cela oblige l'interlocuteur à s'engager et élimine tous les «Je vais essayer», «Dès que j'ai une minute». La personne va certainement s'exécuter, mais nous sommes privés d'un cadre temporel pour faire notre suivi. Un simple «Dès que tu pourras» peut signifier quinze minutes pour nous et demain, pour notre interlocuteur. Par contre, dès que nous mentionnons un moment précis, nous pouvons le noter dans notre agenda et faire un suivi en temps et lieu. Si la personne hésite avant de s'engager à livrer la marchandise à un certain moment, c'est l'occasion d'en parler et de trouver ensemble un échéancier qui convient aux deux. Sinon, une zone grise s'installe, impossible à gérer sans date, terrain fertile pour les contrariétés. Nous risquons d'être déçus de ne pas voir nos attentes comblées. Souvent, il n'est pas nécessaire d'être aussi précis. Il faut voir le contexte de la demande ou l'arrière-plan d'évidence. Si nous demandons du sel à notre voisin de table, nous n'avons pas besoin de préciser «maintenant».

En bref, lorsqu'il s'agit d'une demande, nous détaillons le X et précisons l'Y. En langage de tous les jours, cette formule ressemble à: «Pourrais-tu faire ceci? J'aimerais que tu puisses faire cela. Irais-tu me chercher le journal? Aurais-tu le temps de...?» Sortez vos antennes, commencez à entendre les demandes et portez attention à la façon dont elles sont formulées.

Lorsque nous demandons quelques chose, nous nous attendons forcément à une réponse et à ce que l'interlocuteur:

- accepte;
- refuse;
- fasse une contre-offre;
- promette de répondre plus tard.

C'est très important de laisser à l'autre la liberté de la réponse. Si nous ne pouvons pas entendre un refus, notre interlocuteur y sera sensible et se sentira obligé, sous pression. Lorsque la personne ne peut pas refuser, c'est un ordre qu'elle reçoit. Le gouvernement nous demande de présenter une déclaration de revenus chaque année. Nous n'avons pas le choix de refuser, sinon nous en subirons les conséquences. Les gens qui veulent dire non, mais qui n'osent pas le faire, pressentant que ce n'est pas «correct», répondent oui et éprouvent par la suite du ressentiment parce qu'ils se sont sentis forcés de dire oui alors qu'ils voulaient dire non. En fin de compte, ils risquent fort probablement de trouver toutes sortes d'excuses pour ne pas répondre à la demande, mais ils auront vécu sous pression jusqu'à ce qu'ils aient reconnu ne pas être en mesure d'y répondre. Le climat de tension créé pendant cette période nuit à la productivité.

Dire oui quand cela ne nous tente pas équivaut aussi à dire non à quelque chose d'autre. Ainsi, si notre patron nous demande de faire des heures supplémentaires, que cela met en péril des arrangements pris avec notre conjoint dans l'organisation de la vie familiale et que nous acceptons à contrecœur, nous nous trouvons à dire non à notre qualité de vie familiale[52]. Lorsque nous n'osons pas dire non, nous obéissons. Malheureusement, avec l'obéissance vient la peur d'être punis. Cela occasionne un stress énorme et la peur nous empêche d'être créatifs et de réfléchir. Un refus fait avancer les choses autant qu'un oui. Lorsque nous recevons un non, nous passons à autre chose. Trois choix s'offrent à nous: nous nous adressons à quelqu'un d'autre, nous modifions notre demande ou nous laissons tomber. Mieux vaut un non clair qu'un oui mitigé qui donne l'impression que les choses se feront. Mieux vaut un non immédiat qu'une excuse tardive de la part de la personne qui, de toute façon, n'avait pas le goût de faire ce qu'elle a accepté à contrecœur.

Dans un climat d'engagement et de responsabilité, nous pouvons dire non à un collègue tout en offrant une solution de rechange. Nous nous attendons à ce que nos partenaires refusent d'exécuter une demande lorsque c'est la réponse appropriée pour eux, sachant que ce refus se fait dans un contexte de collaboration. Un jour, mon frère Jean me demande si je peux garder ses deux enfants. J'habite à Montréal, lui au Connecticut, à six heures de route. Il m'explique la situation qui l'amène à me faire cette demande et son plan pour mes déplacements en avion et ceux de sa famille. C'était assez compliqué, lui et sa femme allant dans une direction, à certaines dates, les enfants devant être à un certain endroit à une autre date, bref, ça demandait toute une logistique. J'ai écouté attentivement sa demande, le pourquoi de la chose, les conséquences de mon acceptation et celles de mon refus. Ayant toute l'information en main, je lui ai promis de le rappeler avec ma réponse avant la fin de la journée (j'ai promis de m'engager plus tard). Après avoir pesé le pour et le contre, je choisis de refuser et le rappelle dans les délais prévus. Je lui indique qu'en cas d'extrême urgence j'accepterais, mais comme cela n'était pas le cas, je refusais. Il s'est donc tourné vers un plan B. Pour lui, le fait d'avoir pu formuler sa demande

52. Lévesque, p. 143.

plutôt compliquée lui a permis de progresser dans sa réflexion et de trouver une autre solution où tout le monde y a trouvé son compte.

Ce qui fait toute la différence, c'est la manière dont nous sommes perçus par notre interlocuteur. Cette personne nous considère-t-elle comme quelqu'un de crédible ou d'embêtant? Nous respecte-t-elle ou va-t-elle faire les choses parce qu'elle le doit et qu'elle n'a pas le choix? Plus la personne nous respecte et nous apprécie, moins les mots auront d'importance et plus le sous-entendu de notre demande sera pris en considération. Ainsi, avec mon frère, il savait qu'il pouvait me demander n'importe quoi, sachant que je répondrais en étant responsable de mon bien-être et non pour lui faire plaisir, au détriment du mien.

Un jour, une jeune femme qui travaille dans le domaine de l'élimination de produits toxiques lit le livre d'un écologiste, Paul Hawken[53]. Impressionnée par ce qu'elle a lu, elle remet une copie du livre à sa mère qui travaille chez le plus grand fabricant de tapis commerciaux du monde. Elle demande (demande n° 1) à sa mère de lui promettre d'être responsable de la bonne élimination des tapis qui seront enfouis le jour où ils ne seront plus utilisables. La mère accepte (promesse n° 1). Elle remet à son tour une copie du livre à son patron en lui demandant (demande n° 2) de le passer au président de la compagnie. Son patron accepte (promesse n° 2). Le président reçoit le livre au moment même où il doit élaborer la vision de son entreprise en matière d'environnement. Inspiré par sa lecture, il s'engage (déclaration) à devenir le chef de file de production de tapis non polluants. Voilà une série de demandes, de promesses et une déclaration qui ont changé de façon positive la qualité de l'environnement. Un autre exemple vient de Michael Moore et de son documentaire sur la culture états-unienne en matière d'armes à feu, *Bowling for Columbine.* Au cours du tournage, le réalisateur se rend avec d'autres personnes au siège social de

53. Mary Altomare et Brian Nattrass.

Walmart. Ensemble, ils demandent à la responsable des achats d'arrêter de vendre des armes à feu. Après quelques rencontres et négociations, cette personne a finalement accepté (donc promis).

Examinons maintenant le milieu ambiant de la demande et comment nos automatismes affectent notre capacité de demander. Nous traînons tous un bagage affectif relié à certaines demandes. Par exemple, nous hésitons à trop demander aux autres, afin qu'ils fassent de même pour nous ou pour ne pas les gêner. Nous ne fixons pas de délais afin de déranger le moins possible notre interlocuteur. Nous restons dans les limites du raisonnable parce que nous craignons d'être trop exigeants. Il existe dans ces situations une entente tacite du genre «Je ne t'en demande pas trop et tu en fais autant pour moi»; ainsi, tout ira pour le mieux dans le meilleur des mondes. C'est une façon possible d'être en relation, avec ses conséquences et ses limites. En général, elle s'inscrit dans un environnement qui n'est pas très stimulant. J'ai souvent entendu parler d'entreprises où les nouveaux employés, pleins d'entrain, sont très efficaces. Or, ils se font rapidement signifier de réduire leur rendement par les anciens qui contrôlent le niveau maximum de productivité qu'ils considèrent comme acceptable. Si d'autres faisaient mieux, leur poste et leur productivité seraient mis en danger et comme ils n'ont pas l'intention de se crever au travail, ils s'arrangent pour mettre les nouveaux au pas. Il sera donc difficile dans ce genre de milieu de demander efficacement, car ce sera très mal vu et même dangereux de le faire.

Nous demandons car nous avons besoin de quelque chose. Tout ce qui n'est pas réglé pour nous à propos de combler nos besoins remontera à la surface lorsque nous formulerons des demandes. Si nous n'obtenons pas ce que nous voulons, nous pourrions nous dire que, après tout, ce n'est pas si important et que nous pouvons vivre sans ce que nous avons demandé, justifiant ainsi de ne pas suivre notre demande. Cela envoie le message à la personne qui a accepté sans livrer la marchandise que nous ne tenons pas vraiment à ce que nous demandons. C'est ce qu'on appelle un manque de rigueur. Nous disons que nous voulons X et si nous ne l'obtenons pas, nous l'ignorons.

Considérez que le manque de rigueur, dans ce cas précédent, est en fait une difficulté à obtenir ce que vous avez demandé. Lorsque vous faites une demande, vous devez d'abord établir ce dont vous avez besoin et prendre position à cet effet. Si l'autre ne répond pas à votre demande, vous devez en tenir compte, faute de quoi vous en êtes réduit à vous donner tort d'avoir trop demandé au départ ou à donner tort à la personne à qui vous avez fait la demande de ne pas y répondre. Vous devez donc vous occuper de l'exécution de votre demande, sinon vous serez incommodé et ne pourrez plus être présent à la personne à qui vous l'avez faite. Vous risquez de sombrer dans le «on n'est bien servi que par soi-même».

Observez quand les gens hésitent à faire une action précise. Commencez à entendre au-delà des mots en étant attentif à votre ressenti. Vous le faites déjà, mais écoutez davantage l'engagement derrière les paroles. Pour qu'une demande soit reçue et entendue, vous avez besoin d'un interlocuteur responsable. Si vous pressentez que l'engagement ne correspond pas à vos attentes, faites-y face immédiatement. De toute façon, vous devrez le faire tôt ou tard. Un bon indice du manque d'engagement est l'utilisation des verbes «essayer» ou «tenter»: «Je vais essayer de faire de mon mieux», «Je vais tenter d'y arriver», «Je vais essayer d'être à l'heure». Cette formulation manque de mordant si vous voulez vraiment qu'un résultat se produise. Pouvez-vous entendre le doute qui plane quant au résultat en disant «essayer» ou «tenter»? «J'ai pourtant essayé, j'ai fait de mon mieux, mais il est arrivé ceci, cela...», vous dira-t-on. Sous-entendu: n'exigez pas davantage de moi. Nous signifions ainsi aux autres, sans nous en rendre compte, ce qu'ils sont en droit d'exiger de nous ou pas.

Si vous êtes victime d'un accident de la route et que vous êtes gravement blessé, préférez-vous entendre de la part du médecin: «Je vais essayer de vous remettre sur pied» ou «Je vous promets de vous remettre sur pied» ? Entendez-vous la différence ? Il se peut que le médecin n'y arrive pas, mais la dynamique qui s'installe entre lui et vous est complètement différente. Ce sera plus facile dans ce contexte d'engagement de collaborer avec lui pendant votre rétablissement. Sans engagement, rien ne se produit, surtout rien de satisfaisant. Formuler une demande claire est une forme d'engagement. Je ne fais aucune demande à la légère. Si je ne suis pas engagée à produire un résultat, je me tais.

Vous pouvez maintenant être attentif aux effets de vos demandes sur les gens qui vous entourent. Se sentent-ils écrasés par elles ou, au contraire, stimulés ? Comment vos demandes sont-elles reçues ? Est-ce que vous les lancez au visage des gens ou est-ce que vous portez attention à leurs réactions ? Voilà ce qu'il faut observer à partir de maintenant. Vous aurez ainsi l'occasion de vous voir en pleine action, sans juger ni justifier. Vous saurez immédiatement s'il y a des corrections à apporter et, si oui, lesquelles. Kerbrat-Orecchioni mentionne à juste titre que la requête est un « [...] acte "menaçant" par excellence, riche en implications sociorelationnelles [...][54] ». Beaucoup de gestionnaires et de leaders évitent de demander des comptes à ceux qui leur ont promis de répondre à leur demande, donc qui se sont engagés envers eux. Ils hésitent à le faire parce qu'ils ont des interprétations à ce sujet qui les laissent sans pouvoir. Ils peuvent avoir peur de la réaction de la personne, d'être vus comme des microgestionnaires, des gens qui épient leurs partenaires. Je propose qu'il s'agit en fait de prendre les engagements de ses partenaires au sérieux. Si les gens s'engagent avec vous et que vous ne leur demandez pas d'y répondre, ils vont inconsciemment considérer que vous ne les prenez pas au sérieux, ni vos engagements d'ailleurs ! Car, après tout, c'est vous qui avez demandé une promesse au départ.

54. Kerbrat-Orecchioni, p. 173.

Il arrive qu'il y ait un écart entre ce que nous demandons et ce que nous recevons, même en ayant pris toutes les précautions nécessaires. Notre première réaction est souvent d'être portés à nous irriter, à donner tort à l'autre parce que nous considérons d'office qu'il n'a pas tenu parole. Mais cela ne nous fait que des ennemis et des gens qui n'ont pas de plaisir à travailler avec nous. Il ne faut pas oublier qu'une des caractéristiques de la personne consciente de sa parole est d'être responsable, y compris de ce que les autres entendent quand elle parle. En pareille circonstance, nous notons l'effet sur nous du résultat imprévu. S'il le faut, nous prenons une grande respiration pour aider à faire passer la déception de ne pas avoir ce à quoi nous nous attendions. Ensuite, nous vérifions auprès de notre interlocuteur ce qu'il avait compris. Dans certains cas, il y a eu un malentendu. Nous corrigeons avec la personne concernée et nous reformulons notre demande s'il n'est pas trop tard. Nous nous assurons cette fois-ci que le message est complètement reçu. Dans d'autres cas, ces situations révèlent que l'autre est mal organisé ou qu'il n'a pas osé refuser notre demande ou oublié de nous prévenir. C'est l'occasion parfaite de mettre au point une méthode de travail en lui demandant, à l'avenir, de nous tenir au courant de l'évolution de sa promesse.

En tant que demandeurs, il est essentiel de vérifier que notre interlocuteur accepte tous les éléments de la demande, y compris l'échéancier fixé avant de conclure l'entente. Lorsque quelqu'un nous promet de faire quelque chose, nous faisons à notre tour une promesse à quelqu'un d'autre, basée sur celle qui vient de nous être faite. Aussi, si notre interlocuteur éprouve des difficultés à tenir sa promesse, nous pouvons le savoir le plus tôt possible, car la nôtre est en jeu. Nous pouvons alors faire les ajustements nécessaires s'il y a lieu. Plus nous le saurons rapidement, plus il nous sera facile de nous ajuster.

À partir de maintenant, lorsque les gens vous font une demande, vous pouvez les aider à la formuler de façon claire et rigoureuse, en n'oubliant aucun des éléments. C'est une façon de les aider à réussir. Si vous commencez à le faire pour les autres, vous verrez qu'ils le feront aussi pour vous. Cela crée un climat de soutien et de travail d'équipe où les uns peuvent compter sur les autres. S'il se produit souvent un écart entre ce que vous demandez et ce que vous recevez, où vous sentez que les choses sont pénibles, où vous n'osez pas redemander sachant que cela ne changera rien, c'est fort probablement un signe de divergences d'engagement, de valeurs. Pour certaines personnes, tenir parole, faire preuve de ponctualité, communiquer efficacement n'est pas important. Cela les regarde. À vous de le découvrir le plus rapidement possible et d'agir en conséquence.

J'aime bien l'approche de Michel Hervé[55] avec ses employés dans son livre *De la pyramide aux réseaux, récits d'une expérience de démocratie participative*:

- Vous avez des objectifs clairs, et que vous avez négociés, donc qui sont les vôtres;
- Vous avez un modèle organisationnel performant ainsi que les moyens techniques et humains à votre disposition pour le faire fonctionner;
- Si vous estimez que vous ne bénéficiez pas de tous les moyens, vous avez toute la latitude pour les acquérir ou pour les mettre au niveau requis;
- Vous avez donc tout pour réussir et, si vous n'y parvenez pas, c'est que vous n'êtes pas à la hauteur;
- Une telle insuffisance est acceptable de façon transitoire. Je vous donne donc une chance pour vous reprendre, mais elle n'est pas acceptable de façon constante. S'il en va ainsi, il vous appartiendra d'en tirer les conséquences ou, à défaut, il m'appartiendra de le faire. En effet, dans ce cas, vous n'avez pas votre place dans mon entreprise.

55. PDG du Groupe Hervé, fondé en 1972, avec plus de mille six cents employés en 2006, Michel Hervé a, depuis le début, encouragé ses employés à être autonomes. Il a aussi appliqué sa philosophie pendant ses deux mandats comme maire de Parthenay (Poitou-Charentes, France), p. 181.

C'est clair, non? Je vérifie très souvent auprès de mon interlocuteur si son oui est sincère ou s'il le dit pour faire plaisir. En général, si le cœur n'y est pas, je le ressens. Avec le temps, j'ai appris qu'il est de mauvais augure qu'une personne hésite. Je devrais m'occuper de la source de l'hésitation immédiatement, car j'entrevois déjà que je devrai tôt ou tard faire face à certaines conséquences désagréables. J'admets cependant que cela peut être très délicat à faire, ce qui explique pourquoi la plupart d'entre nous tentent d'y échapper. Si je ne valide pas ce que le message ressenti me dit, je risque de regretter plus tard de ne pas m'y être fié.

Vous en avez assez de répéter? Lisez bien ce qui suit. Considérez qu'il est plus facile de nous plaindre de devoir répéter que de nous demander pourquoi nous devons le faire. Les gens que nous côtoyons n'osent pas toujours dire ouvertement ce qui les dérange. Faites attention lorsque vous demandez quelque chose, beaucoup de gens sont habitués à obéir en dépit de leurs valeurs, comme l'a si bien démontré le psychologue Milgram avec ses expériences[56]. Prenez le temps d'aborder le malaise que vous percevez chez votre interlocuteur à l'idée de répondre à votre demande et réglez-le immédiatement. Cela vous évitera d'être plus tard confronté aux difficultés que ce malaise aura engendrées. Lorsque vous faites confiance à quelqu'un, soyez prêt à faire de la formation en matière de tenir parole. Mes clients me disent souvent qu'ils ont l'impression que cela prendrait beaucoup de leur précieux temps. Ce à quoi je réponds qu'ils ont raison à court terme, et c'est pourquoi nous évitons de le faire.

Par contre, ignorer les malaises ne les règle pas. Ils remonteront tôt ou tard à la surface après avoir causé des dommages. C'est

56. Stanley Milgram a mené une célèbre expérience sur l'obéissance à l'autorité conduite entre 1960 et 1963. On ordonnait aux sujets d'infliger à des élèves, pour chaque erreur commise, de (prétendus) chocs électriques d'intensité croissante. Malgré les cris de leurs « victimes », 62 % des sujets sont allés jusqu'à 450 volts, la dose maximum.

alors que nous n'aurons d'autre choix que de nous en occuper, en plus de devoir réparer les dommages causés entre-temps. Donc, si vous voulez du premier coup obtenir ce que vous demandez, assurez-vous d'avoir un auditeur responsable et *demandez-lui de vous tenir au courant de l'évolution des choses.* Au début, cette façon de faire exige un certain effort, j'en conviens. Mais avec le temps, ça devient une seconde nature. De plus, vos collaborateurs s'habitueront à vous donner ce que vous demandez, sachant que dans le cas contraire ils devront s'expliquer.

Lorsque nous formulons une demande, nous tenons à la voir se réaliser. Nous ne laissons pas le hasard s'en occuper. Nous sommes attentifs à tout ce qui peut menacer son exécution. C'est ce que j'appelle «être sa demande»: zéro écart entre parole et action. Si nous demandons sans être sérieux, nous perdons notre crédibilité. Nous ne sommes plus écoutés avec engagement, et nous ne pouvons pas en vouloir aux autres. C'est ce qui se passe quand on dit que quelque chose entre par une oreille et ressort par l'autre. La parole ne laisse pas de trace sur son passage entre les deux oreilles. Au chapitre 6, je reviendrai plus en détail sur la notion d'«être sa demande».

J'ai remarqué que les gens qui se plaignent de devoir toujours répéter ont tendance à contrôler les autres qui cherchent à éviter de l'être. Ce genre de dynamique est épuisante pour ceux qui la vivent. Renoncez à contrôler et laissez les gens faire ce qu'ils ont à faire, en partant du principe qu'ils sont des adultes intelligents et autonomes. Ricardo Semler, PDG de l'entreprise Semco et auteur de deux best-sellers sur son style de gestion, a réussi de façon brillante en mettant ce principe en pratique depuis presque trente ans. Ce que je viens de dire s'applique aussi aux parents qui en ont assez de répéter quoi que ce soit à leurs enfants. Considérez que vous cherchez à les contrôler et eux, à éviter de l'être. Vous avez aussi probablement perdu toute crédibilité à leurs yeux. Que faire? Vérifiez si vos engagements diffèrent et si oui – par exemple, vous aimez que leur chambre soit en ordre tandis que cela leur importe peu –, laissez-les tranquilles. Si vous insistez, ils feront ce que toute personne qui se fait contrôler fera: ils s'exécuteront et vous en voudront secrètement. Votre amour de l'ordre vous privera de l'amour de vos enfants. Les gens qui contrôlent exigent qu'on leur obéisse. Lorsqu'une personne obéit, elle ne peut pas penser, car son point de vue ne compte pas. De plus, elle est occupée à se protéger d'une éventuelle punition ou remarque désobligeante. Cette personne est aux prises avec sa réaction à la demande reçue et n'est pas en mesure de réfléchir. En renonçant au contrôle et à être obéi, vous serez entouré de gens ou d'enfants qui réfléchissent. Je vous promets que vous serez ravi des résultats et que vous n'aurez plus à répéter.

Lorsque j'étais consultante en gestion, j'amenais des dirigeants d'entreprise vers une gestion à livre ouvert, très transparente. Il s'agit d'une philosophie de gestion où le dirigeant ouvre tous les livres de l'entreprise aux employés, y compris la personne qui balaie le plancher de l'usine, après leur avoir donné une formation financière pour qu'ils comprennent ce qu'est un bilan, un état des revenus et dépenses, un ratio dette et équité, etc. Chaque mois, tous les employés de l'entreprise, sans exception, se réunissent pour examiner l'état des résultats (revenus et dépenses) du mois précédent et en commentent le contenu. Les employés mettent aussi au point un système de partage des profits de concert avec le dirigeant, système à l'intérieur duquel le lien est fait entre leurs actions au quotidien et l'impact qu'elles ont sur les résultats financiers. Il peut aussi y avoir un système de partage des actions. Cette approche amenait mes clients à faire beaucoup de demandes. Voici un bel exemple de demandes, de contre-offres et de promesses claires, tiré du livre de John Case, *Open-Book Management: The Coming Business Revolution*[57].

57. Case, p. 176.

Je me rappelle un épisode chez Sandstrom Products, une entreprise spécialisée dans les enduits spéciaux qui a développé une gestion à livre ouvert fait maison. Sandstrom avait gagné peu de temps auparavant un nouveau gros contrat pour un client – qui dépassait, semble-t-il, leur capacité de production.

Les employés venaient se plaindre chez Jim Sandstrom, le propriétaire: «Il nous faut pour un demi-million de nouveaux équipements si l'on veut remplir ce contrat», disaient-ils.

Sandstrom leur répondait: «Je n'ai pas un demi-million de dollars comme ça.»

Il ajoutait qu'il n'envisageait pas de les emprunter parce qu'il n'était pas sûr si cette augmentation était permanente ou seulement temporaire. Il a présenté une analyse des finances aux employés. Il leur a demandé s'ils avaient une idée de ce qu'ils pourraient faire.

Les travailleurs se sont réunis et ont eu l'idée de se répartir en trois équipes à la place de deux, ce qui augmenterait la production de l'entreprise avec l'équipement existant. Ils ont négocié la répartition du travail dans les différentes équipes. Ils ont accepté qu'il n'y ait pas de différences de paiement entre les équipes et qu'il n'y ait pas besoin de travailleurs supplémentaires.

Sandstrom pensait qu'il était habitué aux effets de la gestion à livre ouvert, mais même lui a été étonné. Si la direction était venue dire que la seule possibilité était de travailler en trois équipes, ç'aurait été un tollé général. Tout le monde se serait mis à hurler. «Je ne vais certainement pas faire des heures supplémentaires! Et je veux la paie en proportion!»

Dans les faits, ils avaient terminé la production en treize semaines. Pour ce trimestre, la productivité a augmenté de 86%. Tout s'est passé dans le calme et Sandstrom a enregistré des profits records!

Cette série de demandes et de promesses de gens responsables et engagés envers un même objectif a augmenté la productivité de l'entreprise et le salaire des employés. Remarquez que le patron a d'abord refusé la demande de nouvel équipement de la part des employés. Non par caprice ou pour avoir raison, mais pour des motifs basés sur la rentabilité et sur la viabilité de l'entreprise à long terme, donc sur un engagement sérieux envers la pérennité de son entreprise, engagement partagé par ses employés. Ensuite, il a fait une contre-offre en leur présentant une analyse financière des conséquences de ce nouveau contrat et en leur demandant une autre suggestion que d'acheter de l'équipement neuf. Sa demande initiale aux employés de repenser la production de ce contrat est assez complexe. Elle implique plusieurs personnes et beaucoup d'informations à traiter. Dans de tels cas, il est impossible de donner des conditions de satisfaction exhaustives. Le demandeur doit donc donner des balises et laisser beaucoup de latitude à celui qui promet, en lui permettant de faire des erreurs, plutôt que de lui obéir. Une personne qui doit obéir va constamment vérifier si elle est sur la bonne voie et demander la permission avant d'agir, avec une peur inconsciente d'être punie. Si une personne réfléchit, elle passe à l'action et si elle commet une erreur, elle apprendra de celle-ci et pourra ensuite faire les bons gestes.

Avant de passer à la promesse, voici quelques réflexions en vrac sur la confiance. Steven Covey fait la remarque suivante que je traduis librement d'un article sur la gestion à livre ouvert: «Lorsque la confiance est à la baisse, la rapidité d'exécution diminue et les coûts d'exploitation augmentent. Lorsque la confiance est à la hausse, la rapidité d'exécution augmente et les coûts d'exploitation diminuent.» La confiance est une déclaration qui crée un avenir entre deux êtres humains, suivie de demandes et de promesses, en accord avec la confiance déclarée. C'est un cadeau qui n'attend rien en retour et qui tolère l'erreur de l'autre, tout en ayant une limite. Cela inclut la trahison (qui est une interprétation, pas un fait, bien que légitime). C'est un contexte à partir duquel on vit, selon Flores. Si nous donnons notre confiance conditionnellement, nous devons tenir une comptabilité et au-delà d'un certain point nous retirons notre confiance, ce n'est pas puissant, car ça dépend des circonstances. Cela n'avance à rien de condamner les autres, c'est plus utile d'apprendre à leur demander de rendre des comptes. La confiance est fonction de faire et de tenir des engagements. Le problème avec la confiance n'est pas de la perdre, mais l'incapacité de cultiver l'art de nous engager envers les autres. Je cite à nouveau des exemples de verbes de type directif selon Vanderveken[58] : demander, requérir, inviter, convoquer, solliciter, presser, prier, supplier, implorer, mendier, exiger, ordonner, commander, défendre, proscrire, consentir, réclamer, revendiquer, etc.

Commencez à demander, osez le faire et vous verrez les choses bouger autour de vous. Faites maintenant la liste de toutes les demandes nécessaires à la réalisation de votre projet.

La promesse

Promesse en l'air, d'ivrogne, de politicien : cet acte de parole a une réputation peu reluisante. Elle rappelle certainement à plusieurs de mauvais souvenirs d'avoir promis quelque chose pour ensuite l'avoir regretté. Vous devez comprendre maintenant la raison d'une telle réputation. Promettre signifie vous engager et être responsable des conséquences. Puisque nous confondons responsabilité avec punition, vengeance, fardeau, obligation, devoir, il n'est pas étonnant que nous soyons souvent réfractaires à promettre. Sans oublier le danger de subir des remontrances et de mal paraître si la promesse n'est pas tenue. Nous en sommes réduits à ne promettre que si nous sommes absolument certains de tenir notre parole. C'est, à n'en pas douter, une façon de faire qui a ses limites. Voici d'abord les caractéristiques de cet acte de parole si mal compris, malheureusement très malmené et sous-utilisé. Elles ressemblent beaucoup à celles de la demande :

- Une action future ;
- Un arrière-plan d'évidence de la faisabilité de la promesse ;
- Des critères de satisfaction ou des besoins clairement énoncés ;
- Un échéancier bien établi ;
- Un prometteur sincère ;

58. Vanderveken, p. 182.

- Quelque chose qui manque;
- Sa formule est: «Je promets de faire X d'ici Y.»

Lorsque nous demandons le rapport des ventes en trois exemplaires sur quatre colonnes au directeur des ventes pour vendredi, à 18 heures, et qu'il nous répond «D'accord», il vient de nous faire une promesse. Il est sous-entendu: «Oui, je promets de te remettre le rapport des ventes en trois exemplaires sur quatre colonnes d'ici vendredi, à 18 heures.» Encore une fois, ce n'est pas la phrase ou les mots qui font la promesse, mais la façon dont nous les écoutons, le contexte, l'arrière-plan partagé entre le demandeur et le prometteur. Dans la vie de tous les jours, cela ressemble à: «Oui, je vais le faire», «D'accord», «Entendu» ou toute autre formule par laquelle le demandeur sait que son interlocuteur acquiesce et s'engage.

Pourquoi avons-nous si peur de promettre? Nous voulons bien paraître et éviter d'être critiqués, jugés, punis et de perdre notre crédibilité si nous ne tenons pas parole. Alors, nous préférons en dire le moins possible, ne nous mouiller qu'en cas d'extrême urgence. Une des premières choses qui nous dépossèdent de nos moyens face à la promesse, c'est en grande partie notre difficulté à écouter calmement les demandes qui nous sont adressées. Une bonne façon de nous aider à nous engager est d'abord d'être avec la demande. Cela signifie de l'entendre et de faire une pause de quelques secondes, de prendre, s'il le faut, une grande respiration avant d'y répondre. Nous ne sommes pas obligés de toujours répondre par l'affirmative à toutes les demandes qui nous sont faites. En faisant un temps d'arrêt, nous pouvons alors répondre de manière responsable.

C'est ce qui s'est passé avec mon frère et sa demande de garder ses enfants qui impliquait pour moi une absence de cinq jours et toute la réorganisation de mes affaires personnelles et professionnelles. J'ai écouté sa demande et lui ai demandé un délai de réflexion pour considérer mes options de façon responsable. Mais, dans tel cas, nous répondons souvent automatiquement et nous restons piégés avec une réponse que nous regrettons souvent. Quand cela se produit, nous perdons tout pouvoir, nous sommes emprisonnés. Je réfléchis deux fois avant de promettre et lorsque je ne peux pas, je n'hésite pas à répondre par un non franc et sans équivoque. Je ne tiens pas à ce que ce soit une corvée de tenir ma promesse.

Il est difficile d'être créatifs quand nous exécutons une tâche à contrecœur. Cet écart entre notre pensée (désir de refuser) et notre parole (promettre de faire ce que nous préférons refuser) nuit considérablement aux relations. Il met en péril la bonne entente, car nous venons de nous engager dans une direction contraire à nos besoins, à nos valeurs. Cela n'augure jamais rien de bon et, tôt ou tard, nous devrons faire face au malaise ainsi engendré. Nous nous en voulons d'avoir accepté, nous en voulons à l'autre de nous avoir demandé cette tâche, nous devenons irritables ou impatients. Promettre à contrecœur est à l'origine d'une foule de problèmes dans les relations humaines.

Si, après la lecture de ce livre, vous pouvez seulement vous rendre compte à quel point promettre quelque chose que vous n'avez pas envie de faire est contre-productif, le livre aura déjà été fort utile. Je vous encourage à oser négocier avec les gens qui vous adressent des demandes jusqu'à ce que vous soyez satisfait. Tout le monde y gagnera et la vie sera beaucoup plus facile. Refuser de faire ce qui vous est demandé est en soi une promesse de ne pas faire quelque chose. C'est un engagement et, pour cette raison, le refus permet d'avancer dans un contexte de collaboration, comme ce patron qui a refusé d'acheter la machinerie supplémentaire que ses employés lui réclamaient.

Commencez à être plus attentif aux promesses faites par les autres. Vous pouvez même écouter vos propres promesses différemment. Les pires promesses, me direz-vous, sont celles faites à soi-même. Vous pouvez quand même avoir de la compassion à votre égard après avoir fait un geste à l'encontre d'une promesse qui vous tient à cœur. Par exemple, vous vous promettez de perdre du poids. La première tentation venue, vous succombez. Qu'est-ce que nous faisons d'habitude en pareil cas? Nous nous «engueulons», nous nous réprimandons, nous nous lançons des insultes que nous n'oserions jamais dire à une autre personne. Nous sommes bien avancés, n'est-ce pas? Avoir mauvaise conscience ne fait rien progresser, ça ne fait que nous déprimer. Nous avons l'habitude de nous sentir coupables, ce qui équivaut à justifier notre incapacité d'agir, comme un enfant impuissant. Cette relation à nous-mêmes nous enlève tout pouvoir, toute liberté d'action. Tout ce qu'il y a à faire, c'est reconnaître ne pas avoir tenu notre promesse, promettre à nouveau si cela est pertinent et continuer ainsi jusqu'à ce que nous l'ayons tenue. Voilà une manière libre d'être en relation avec nous-mêmes. Nous donner tort nous intoxique émotivement et nous empêche de voir clair en nous-mêmes. Il est alors normal de ne plus vouloir promettre et de sombrer dans la résignation.

Si vous avez un patron anxieux qui vous surveille constamment, n'hésitez pas à lui demander de vous laisser les coudées franches. Apprenez-lui à vous laisser libre d'agir. Dites-lui de se détendre, que vous prenez les choses en main, c'est pour cela qu'il vous a embauché. Faites-le sans lui donner tort et en lui faisant comprendre que c'est à son avantage de vous donner le plus de latitude possible.

Explorons «être notre promesse», afin de retrouver une grande liberté d'action devant celles que nous faisons. Qu'est-ce que cela signifie? C'est communiquer étroitement avec le demandeur et toutes les personnes reliées à la promesse et ne négliger aucun effort. À la première difficulté, nous en parlons, car c'est plus facile de trouver ensemble des solutions. Quand nous promettons, nous tenons le demandeur au courant de l'évolution de sa demande. Si jamais nous ne la tenons pas, il le saura à l'avance et nous en tiendra moins rigueur.

Lorsque nous voyons une personne se décarcasser pour tenir sa promesse et ne pas y arriver, nous apprécions l'effort qu'elle a fourni. C'est l'engagement qui compte et que les gens reconnaissent. Lorsqu'il n'y a pas d'écart entre notre parole et nos actions, les gens le sentent et le respectent. Encore mieux, nous pouvons demander de l'aide. Plusieurs, une fois leur promesse faite, pensent qu'ils doivent la tenir seuls. Cela leur enlève toute liberté d'action et restreint leur créativité.

Nous pouvons même retourner auprès du demandeur et lui demander de l'aide pour répondre à sa demande. Pourquoi pas? C'est cela «être notre promesse». Rien ne doit nous arrêter, il y a accord parfait entre nos actions et notre parole. Si jamais nous ne pouvons pas tenir notre promesse, nous rencontrons les gens le plus tôt possible pour leur annoncer que nous ne pourrons pas tenir cette promesse ou que nous ne voulons plus la tenir. Peut-être pouvons-nous la reporter, tout en assumant les conséquences du retard. L'essentiel est de rester en communication et en relation avec le demandeur. C'est cet aspect qui manque le plus lorsque nous ne tenons pas nos promesses. Nous coupons la communication et nous mettons une distance dans notre relation avec cette personne, espérant qu'elle ne se rendra pas compte de notre difficulté à tenir notre engagement et surtout, surtout, qu'elle n'osera pas nous demander de rendre des comptes. Il faut reconnaître qu'il est plus facile de fonctionner ainsi dans le milieu du travail qu'à la maison. Nous sommes beaucoup plus investis émotivement avec notre famille que nos collègues de travail. Cela demande un grand équilibre émotif pour y arriver et c'est possible.

La mauvaise réputation de cet acte de parole lui vient du fait que les gens promettent, ne tiennent pas la promesse et espèrent que personne ne l'aura remarqué et, surtout, que personne ne le mentionnera, de peur d'être puni. N'ayez crainte, plusieurs vont s'abstenir de dire mot, car c'est très délicat de le faire. Ainsi, les gens qui vous entourent et qui se taisent savent que vous les laisserez tranquilles si, à leur tour, ils ne tiennent pas leurs promesses. Cette façon de procéder réduit l'esprit d'équipe d'un groupe et donc son efficacité. Cela coûte très cher en créativité aux dirigeants d'une entreprise parce que les employés n'écoutent plus ce qui est dit et gardent leur créativité pour leurs projets personnels. Leur écoute engagée est « usée ». Les gens disent X et font Y, en espérant passer inaperçus. Comme toute création commence par la parole, si la vôtre ne vaut rien aux oreilles de ceux et de celles qui vous entourent, vous aurez beaucoup de difficulté à réaliser vos projets.

Vous voulez que les gens aiment travailler avec vous ? Tenez-les au courant de l'évolution de votre promesse et dites-leur quand vous aurez accompli leur demande. Il peut s'agir de quelque chose d'aussi banal que : « Tu m'as demandé de déplacer la réunion avec l'équipe de mardi à jeudi. C'est fait, tout le monde est d'accord. » Cela apportera de la certitude et allégera l'ambiance de travail. Vous deviendrez très populaire, je vous le promets !

Je tiens ici à aborder un sujet fort délicat : demander aux gens de rendre des comptes[59]. Quelqu'un nous fait une promesse et ne la tient pas ou notre député fait une promesse qu'il ne tient pas. Dans de telles situations, beaucoup de gens donneront tort à la personne et ne lui demanderont plus rien ou se contenteront de critiquer. Je dis que c'est délicat, et peut même être dangereux, car personne n'aime se faire rappeler une promesse non tenue. Quelques-uns ont carrément oublié ce qu'ils ont promis et n'apprécieront pas se faire rafraîchir la mémoire. Lorsque nous avons le courage de le leur rappeler, nous nous exposons à leurs réactions. Certains ont des personnalités avec lesquelles il est difficile de composer, car la violence ne leur fait pas peur. Il faut donc être conscients de l'exercice périlleux que représente le rappel à leurs engagements. Plusieurs journalistes et activistes l'ont payé de leur vie.

J'admire ceux et celles qui osent parler, conscients de mettre leur vie en danger lorsqu'ils tiennent leurs leaders responsables de leurs engagements. Cela demande du doigté, beaucoup, beaucoup de doigté. Celui-ci est constitué d'abord de curiosité. Avons-nous bien entendu la promesse ? Nous allons d'abord vérifier. En arrivant

59. En anglais : *holding someone to account.*

avec cette attitude devant le prometteur, nous lui permettons de confirmer sa promesse sans qu'il se sente attaqué et, éventuellement, d'offrir une explication. Nous pouvons ensuite lui proposer notre appui et l'aider à tenir sa promesse plutôt que de le condamner parce qu'il ne la tient pas. Beaucoup de gens retirent leur confiance lorsque quelqu'un ne tient pas sa promesse. La confiance devient une question de comptabilité dans ce cas-là. Par exemple, Henri n'a pas tenu sa promesse trois fois. Est-ce que cela signifie qu'il n'est pas digne de confiance? Non, cela signifie qu'il n'a pas tenu sa promesse trois fois, ça ne veut rien dire d'autre. Alors, au lieu de tenir une comptabilité secrète, pour accumuler des preuves que vous avez raison, cherchez à comprendre pourquoi la promesse n'a pas été tenue et trouvez une façon, avec le prometteur, pour qu'elle le soit. Si cela ne fonctionne pas, que la personne continue à ne pas tenir promesse, vous devrez avoir une conversation sérieuse du genre: «Henri, cela fait plusieurs fois que tu ne tiens pas promesse. [Énumérez rigoureusement les occasions où ce fut le cas.] Cette situation m'embête et nous devons en discuter. Il m'importe que mes collaborateurs m'informent lorsqu'ils ont de la difficulté à tenir promesse. Si tu ne peux pas t'engager à le faire à l'avenir, nous devrons remettre notre relation professionnelle en question.»

Je suis personnellement incapable de travailler avec des gens sur qui je ne peux pas compter. Lorsque c'est le cas, cela m'énerve, m'irrite; et je ne suis pas gentille quand je suis énervée. Puisque je suis responsable de ma réaction, je m'assure d'être toujours entourée de gens auxquels je peux me fier. Si je ne peux pas le faire, j'en parle avec la personne concernée et cherche à corriger la situation. Si cela ne fonctionne pas, je mets un terme à notre relation. Me fier à mes collaborateurs ne signifie pas qu'ils tiennent toujours parole; cela signifie qu'ils me préviennent à temps s'ils éprouvent des difficultés mettant leur parole en péril et qu'ils cherchent une solution avec moi.

Pour clôturer cette délicate question de demander aux gens de rendre des comptes, j'adresse ici aux enfants – quel que soit leur âge – un avertissement. J'entends souvent des enfants dire qu'il est difficile de discuter avec des adultes, et surtout avec leurs parents. Les jeunes enfants, en particulier, ont un sens aigu de la justice. Une des raisons, à mon avis, pour laquelle les adultes évitent de discuter à fond avec eux est qu'ils pourraient se faire prendre en flagrant délit de ne pas tenir parole ou d'être incohérents, du style «fais ce que je te dis de faire, pas ce que je fais». Cela leur serait insupportable car en tant qu'autorité, ils sont censés savoir. Devoir rendre des comptes à un enfant, surtout jeune, sachant qu'il a raison de souligner une incohérence de propos, peut être très difficile à assumer. Cela obligerait les adultes à se remettre en question, ce qui est hors de question pour plusieurs d'entre eux. L'enfant doit donc user de beaucoup de compassion pour l'adulte et lui faire comprendre qu'il ne lui fait aucun reproche, mais qu'il veut simplement faire passer son idée.

Pour terminer sur le sujet, voici quelques commentaires en vrac. John Searle aborde un aspect intéressant de cet acte de parole. Il cite l'exemple suivant où il dirait à un de ses élèves: «"Si tu me remets ton travail en retard, je te promets de te donner une mauvaise note dans le cours." Dans ce cas-ci, le verbe "promettre" est utilisé parce qu'il s'agit d'un verbe chargé d'engagement et que le but de son utilisation est justement de véhiculer son engagement dans cette situation. Mais il ne s'agit pas d'une promesse au sens d'un acte de parole, où il est évident que quelque chose doit être fait et qu'une personne demande que cela le soit et qu'une autre promet de le faire. Même chose si je pense que quelqu'un s'apprête à faire un geste répréhensible. Je peux lui dire: "Si tu fais cela, je te promets que tu auras des ennuis." Il est question ici d'une menace, car je lui causerai des ennuis plutôt que de faire quelque chose pour lui[60].» Tout dépend du contexte. Un gestionnaire perd son pouvoir en ne sachant pas promettre; sous-entendu: s'engager. La compétence est la capacité à faire et à tenir des promesses.

60. Searle, p. 58-59.

Si on n'est pas responsable des demandes qui nous sont adressées, on devient la victime du demandeur et on souffre.

Quelques verbes de type engageant, toujours selon Vanderveken[61] : menacer, jurer, prêter serment, se vouer, garantir, assurer, certifier, cautionner, accepter, consentir, refuser, renoncer, gager, offrir ou faire une contre-offre, enchérir, parier, contracter, souscrire, répondre de, se porter garant de, convenir. Commencez à promettre, mouillez-vous, engagez-vous auprès des gens qui vous tiennent à cœur. Promettez à votre conjoint de faire la moitié des repas de la famille. Promettez à votre patron de terminer un mandat en deçà des échéanciers et du budget. Grâce à la promesse, mettez un peu de piquant dans votre vie et faites la liste de toutes les promesses nécessaires pour réaliser votre projet.

L'affirmation

Après avoir déclaré, demandé et promis, nous avons besoin de faire le point en posant des affirmations au sujet de l'évolution de notre projet. J'ai mentionné au début du livre que l'objectivité n'existe pas ; il n'y a que la subjectivité, donc que des interprétations, points de vue, conclusions, opinions et perceptions très personnelles que je nomme affirmations. Voyons d'abord ses caractéristiques :

- c'est le point de vue de la personne qui parle ;
- la chose affirmée peut être observée par un tiers ;
- le « fait » auquel elle se reporte se fonde sur une convention ;
- ce n'est ni vrai ni faux ;
- la chose affirmée peut être fondée ou non.

Nous pouvons dire : « Elle a bonne mine », « Il est inefficace », « La situation est désastreuse », « Les marchés sont fébriles », etc. Le point de vue de la personne qui parle signifie que c'est l'angle d'approche, la perspective de l'observateur. Quand nous disons : « Elle

61. Vanderveken, p. 175.

a bonne mine», ce n'est ni vrai ni faux. Une autre personne pourrait dire le contraire. Quand quelqu'un nous demande de monter la température en nous disant qu'il fait froid, et que nous vérifions combien de personnes trouvent qu'il fait froid, en général la moitié des mains se lèvent. Nous pouvons dire d'un collègue qu'il est lent parce que nous lui avons demandé un rapport et qu'il nous l'a remis avec deux jours de retard. En lui faisant la remarque, nous apprenons qu'il a dû s'occuper de trois urgences qu'il a réglées en un temps record. N'importe qui d'autre nous aurait remis son rapport avec une semaine de retard. Notre affirmation n'est donc pas fondée. Tout est relatif, n'est-ce pas?

Lorsque nous ne sommes pas satisfaits de notre sort et que tous nos efforts pour modifier les choses sont restés vains, il y a fort probablement une interprétation limitante ou une affirmation qui tire les ficelles à notre insu. Nous pouvons explorer une foule d'avenues lorsque nous nous buttons à une situation que nous n'arrivons pas à changer. Je vous propose celle du langage, en étant attentif à ce que vous affirmez au sujet de la situation que vous désirez changer, car c'est ainsi que vous perpétuez les situations dont vous voulez vous débarrasser. Voici ce qu'en dit Fernando Flores: «On ne se rend pas compte à quel point on crée la réalité à partir du langage. Si nous disons que la vie est dure, la vie sera dure. [...] Les gens parlent de changer leur façon de penser, mais ils n'ont aucune idée de ce que ça signifie, et encore moins de la façon de s'y prendre. Ce qu'il faut, c'est arrêter d'introduire des interprétations qui n'ont aucun pouvoir.» Flores parle ici d'interprétations que je considère sur le plan linguistique comme des affirmations. Elles agissent de la même manière pour les situations désirables, mais je veux à ce moment-ci me concentrer sur les indésirables.

Pour y arriver, nous, les êtres humains, avons un défi de taille à relever: reconnaître que nos interprétations ne sont pas la vérité, mais simplement un des nombreux points de vue que nous pouvons porter sur une situation ou sur une personne. Nous confondons tellement les faits et les interprétations que nous n'arrivons plus à les distinguer. Dès qu'il se passe quelque chose, nous tirons une conclusion instantanément. Nos conclusions, opinions et interprétations sont toujours valables et légitimes; elles nous viennent de notre perception. Mais ce sont quand même les conclusions, les opinions et les interprétations d'un observateur à un moment donné, et non la vérité.

Pendant une séance de *coaching* avec un de mes clients, ce dernier se plaignait du fait que les employés n'écoutaient pas quand leur contremaître leur disait de porter leur casque de sécurité. Je lui ai demandé si c'était un fait ou une interprétation de sa part. «Ils n'écoutent pas, c'est un fait!» Je lui ai proposé de considérer que c'était une interprétation. «Non, non, c'est un fait.» D'accord, examinons de plus près ce qui s'est passé. Je lui ai demandé de se souvenir de la dernière fois où il s'était trouvé dans une situation où un employé «n'écoutait pas». Nous avons rejoué la scène au ralenti. L'employé arrive dans le bureau de mon client et ce dernier lui a dit de porter son casque. Il répond qu'il le fera et repart. Dix minutes plus tard, mon client le voit dans l'usine sans son casque. «Tu vois, il n'écoute pas!» Je lui ai alors fait voir que le fait de ne pas porter son casque n'a rien à voir avec le fait d'écouter ou pas. L'employé n'a pas de problème d'audition: il entend. Ce qu'il fait de ce qu'il entend est une autre chose. Dans les faits, il dit: «Oui, je vais porter mon casque» et après avoir quitté le bureau de son patron, il ne le porte pas. Il a promis de porter son casque et il ne tient pas sa promesse. On peut penser qu'il a oublié, que le casque lui fait mal, qu'il veut ennuyer son patron, etc. Toutes ces conclusions ou interprétations sont valables et légitimes. Elles varient selon la personne qui les émet, son vécu, ses expériences de vie, sa personnalité. Mais cela ne change rien au fait qu'elles sont une invention, elles sont distinctes de ce qui s'est passé.

Mon client a donc eu une conversation avec son employé, curieux de comprendre pourquoi il promettait une chose et en faisait une autre. Il a alors appris que le fait de porter un casque de sécurité était considéré comme un signe de faiblesse par certains durs à cuire de l'usine. L'employé était coincé entre obéir à son supérieur ou à ses pairs. Il a donc obéi à ces derniers. Le client a organisé une formation en santé et sécurité afin de les rendre conscients du risque qu'ils couraient. Tous se sont mis à porter leur casque, y compris les durs de durs.

Les attentats du 11 septembre 2001 sont vus par certains comme un acte de terrorisme et par d'autres, comme un acte de justice. Qui a raison? Les deux. Tout dépend du camp auquel nous appartenons. En soi, la vie est vide de sens. Le sens est fonction de l'observateur. Deux avions ont percuté deux tours dans lesquelles il y avait des gens. Il y a eu des morts. Cela ne veut rien dire. Quand les forts attaquent les faibles, ils parlent de rétablir la paix et les faibles, de subir une injustice. Quand les faibles attaquent les forts qui les ont attaqués, les forts parlent de terrorisme et les faibles de vengeance. Qui a raison? Personne et tout le monde. Certains diront d'un individu qu'il est un terroriste. Mais il ne l'est ni pour lui-même ni pour les gens de son entourage. Pour eux, il est un héros. S'il est un terroriste aux yeux des uns et un héros aux yeux des autres, qui est-il vraiment? Les journalistes nous bombardent quotidiennement de terroristes par-ci, de terroristes par-là, comme si c'était vrai. Ce n'est ni vrai ni faux; c'est relatif. Tout dépend du point de vue de l'observateur. C'est ainsi qu'un point de vue devient une réalité, à force d'être répété. Ils pourraient dire «l'auteur de l'attentat» au lieu de «terroriste». Pourquoi ne le font-ils pas? Parce que nous avons la fâcheuse habitude de coller des étiquettes sur les gens et les événements, de trouver des coupables et d'avoir raison. C'est plus facile de généraliser, de pratiquer la langue de bois, de tout rendre abstrait plutôt que de distinguer les faits des interprétations. Notre difficulté à le faire est la source de beaucoup de drames, de souffrances et de complications.

Pour arriver à distinguer les faits des interprétations, nous devons nous distancier de notre opinion, chose très difficile à faire, surtout quand nous sommes plusieurs personnes à partager le même avis. Le fait d'être plusieurs à penser quelque chose ne le rend pas plus réel. Cela signifie seulement que plusieurs personnes pensent la même chose. Dès que nous formulons une interprétation, nous venons de créer une certaine *réalité*. Ainsi, dans une réunion, lorsque nous affirmons que Paul est inefficace (en son absence), toutes les personnes qui entendent ce point de vue ont maintenant une opinion biaisée de lui. Ceux qui ne le connaissent pas du tout se sont immédiatement forgé une opinion à son sujet sans même s'en rendre compte. Ils seront méfiants à son égard s'ils ont une tâche à lui confier. Dans le meilleur des cas, ils se diront que ce n'est peut-être pas fondé, mais dans le doute, ils s'abstiendront de lui confier une tâche. Ou s'ils sont vraiment capables de faire la part des choses, ils lui confieront une tâche et vérifieront son travail plus qu'ils ne l'auraient fait en temps normal.

Lorsque nous exprimons un point de vue et que nous voulons qu'il soit considéré comme une perspective possible, cela laisse entendre qu'il y a place pour d'autres points de vue. Sinon, nous risquons de nous enfoncer dans nos arguments pour défendre notre point de vue. À force d'avoir raison, nous finissons par perdre la raison, car nous sommes prêts à tout, y compris au ridicule, pour prouver notre point de vue. Vous pensez que j'exagère ? Voici, pour appuyer mon point de vue, quelques exemples d'affirmations gratuites (non fondées) et défendues mordicus par leurs auteurs. Au Moyen Âge (XIIIe siècle environ), les enfants mort-nés ou morts peu après leur naissance sans avoir été baptisés[62] ne pouvaient pas être enterrés dans un cimetière normal, sinon ils allaient le souiller, n'ayant pas été purifiés du péché originel par le baptême. On les enterrait dans des terrains vagues prévus à cet effet. Ils n'avaient évidemment pas droit au repos éternel. Les parents angoissés (que de souffrance générée par une affirmation !) amenaient alors leurs enfants dans des sanctuaires de répit. Il s'agissait d'endroits dans

62. À l'époque, seuls les prêtres avaient le droit de baptiser et il n'y en avait pas dans chaque village.

une église ou près d'un prêtre où l'on déposait le petit cadavre dans l'espoir d'un miracle (répit) où il ressusciterait en donnant signe de vie, auquel cas le prêtre s'empressait de le baptiser pour pouvoir l'enterrer dans un cimetière normal et lui donner accès au paradis. Il est arrivé d'ailleurs que des petits cadavres en décomposition dégageaient une odeur tellement insupportable que le curé a bousculé intentionnellement l'autel sur lequel ils se trouvaient, ce qui les a fait bouger. Tous ont conclu à une résurrection, le curé s'est empressé de les baptiser, et ils ont pu être enfin enterrés[63].

Vous croyez que l'histoire précédente appartient à une autre époque? Détrompez-vous. Environ quatre cents ans plus tard, l'astronome Galilée[64], grâce aux lentilles qu'il a fabriquées lui-même, découvre des planètes dites médicéennes jusque-là inconnues. Un de ses détracteurs, le professeur Magini de l'université de Bologne, s'empresse de démontrer que ces découvertes ne tiennent pas debout:

> En faisant leurs horoscopes, les astrologues ont tenu compte de tout ce qui bougeait dans le ciel. Or, ils n'ont pas tenu compte des planètes médicéennes. Donc, si les planètes médicéennes existaient, elles seraient inutiles. Mais tout ce qui existe sert à quelque chose, donc les planètes médicéennes n'existent pas[65].

Édifiant, n'est-ce pas? Vous trouvez que c'est encore trop loin de nous? En 2003, la déclaration de guerre du président George W. Bush à Saddam Hussein est basée sur une affirmation gratuite.

63. Delumeau, p. 303-314.

64. Galileo Galilei, dit Galilée (1564-1642), est un savant et écrivain italien. En introduisant l'emploi de la lunette en astronomie (1609), il a été à l'origine d'une révolution dans l'observation de l'Univers. Rallié au système héliocentrique de Copernic, dont l'œuvre venait d'être mise à l'index (1616), Galilée fut déféré, après la publication du *Dialogue sur les deux grands systèmes du monde*, devant le tribunal de l'Inquisition qui le condamna et l'obligea à se rétracter (1633); l'Église l'a réhabilité en 1992. (Source: *Petit Larousse illustré 2007.*)

65. Boucher, p. 52.

Ainsi, lorsque Colin Powell[66] a affirmé, devant les membres de l'ONU, que les Irakiens détenaient des armes de destruction massive, en brandissant un petit flacon contenant une poudre blanche, personne n'a osé vérifier le bien-fondé de cette affirmation, même si plusieurs experts en étaient arrivés à la conclusion, après leurs enquêtes, que les militaires irakiens n'est possédaient pas. Mais quand même, aucun dirigeant de pays n'a osé demander davantage de preuves de son affirmation. Les seuls, à ma connaissance, sont le président français Jacques Chirac et le premier ministre canadien de l'époque, Jean Chrétien, qui a dit à Bush que tant qu'il n'aurait pas de preuves «béton» de la détention d'armes à destruction massive en Irak, il refuserait d'aller en guerre contre ce pays. Toute cette histoire a coûté sa crédibilité à Colin Powell et beaucoup de souffrances. Quand je vous dis que demander à quelqu'un de répondre de ses actes est très délicat, cette triste histoire en est un exemple édifiant, car les dirigeants des autres pays membres de l'ONU se sont bien gardés de mettre cette affirmation au défi, craignant la réaction des États-uniens.

L'interprétation (un point de vue à partir d'un endroit particulier) ou la croyance que nous avons d'une personne nous rend-elle efficaces dans notre relation? Sinon, sommes-nous prêts à y renoncer et à en inventer une autre qui nous représente et qui nous soit utile? Agir à partir d'une croyance est une chose; à partir des faits en est une autre. L'une mène à la chasse aux preuves pour en assurer la survie, l'autre à la liberté d'agir dans le moment présent. Quand nous croyons à quelque chose, nous perdons notre curiosité, notre éveil, nous sommes endormis, limités par la croyance, nous nous protégeons du risque qu'est la vie. Les croyances demandent beaucoup d'entretien et d'énergie. Nous pouvons avoir nos croyances tout en étant prêts à tout moment à y renoncer et à les remplacer. Croire en quelque chose élimine le besoin de penser et encourage

66. Colin Powell (1937) a été secrétaire d'État de 2001 à 2005.

celui de chercher des preuves pour soutenir ce en quoi nous croyons, ce qui nous maintient dans le passé, la parole inconsciente.

Harry Weinberg[67] a écrit un excellent livre sur le sujet en 1959. Il dit, avec justesse, qu'il n'y a rien de mal à affirmer, que nous devons le faire la plupart du temps. Le problème surgit lorsque nous agissons en considérant que nos affirmations sont des faits et la vérité. Cela empire lorsque nous y sommes attachés et que nous les défendons mordicus, en dépit du bon sens. C'est ce qui s'appelle la mauvaise foi. Il parle d'inférence (lire : affirmation) :

> Il est très important que nous comprenions qu'il n'y a rien de mal à faire des inférences. Nous devons le faire la plupart du temps. La mauvaise évaluation se produit quand nous *agissons comme si*[68] notre connaissance inférentielle était une connaissance factuelle. Faites des inférences, mais sachez que ce sont des inférences ! Cette connaissance constitue une différence extrêmement importante dans notre conduite, en toutes situations. Nos actions, nos attitudes, nos attentes seront différentes – *et elles seront très probablement mieux appropriées à la situation*. Nous pouvons résumer ceci de la manière suivante. Si nous savons que nous faisons une inférence et non un énoncé factuel, alors :
>
> 1. Nous sommes moins sûrs de ce que nous affirmons et, par conséquent, il est moins vraisemblable que nous le fassions dogmatiquement ;
> 2. Nous sommes préparés à admettre une erreur et, par conséquent, nous serons moins sujets à être blessés physiquement et émotionnellement si celle-ci est prouvée ;
> 3. Nous prévoyons l'imprévu et, par conséquent, nous y sommes mieux préparés.
>
> La grande différence, alors, est une différence d'attitude[69].

Nous voulons souvent influencer les autres par nos affirmations. Ce sera plus facile d'y arriver en suivant un autre conseil de

67. Ingénieur chimiste de formation, Harry L. Weinberg s'est intéressé aux travaux de Korzybski en sémantique.
68. Les italiques sont dans le texte.
69. Weinberg, p. 30-31.

Weinberg. Nos interlocuteurs nous écouteront avec beaucoup plus d'attention :

> Quand nous disons et pensons réellement « C'est ainsi que cela m'apparaît», nous invitons à la vérification, à la discussion et à la réévaluation. Quand nous disons « C'est», nous nous coupons de toute investigation ultérieure[70].

Weinberg souligne aussi un phénomène troublant qui démontre très bien à quel point nous sommes habitués de confondre faits et interprétations et que si les faits ne concordent pas avec elles, nous sommes prêts à leur faire la vie dure.

> Le scientifique, quand il agit comme un scientifique, fait deux choses qu'un profane omet souvent de faire. Premièrement, il sait qu'il fait des inférences, pas des énoncés factuels, et entreprend de les vérifier. Le profane confond souvent les deux et ne s'inquiète pas de vérifier, pas plus qu'il n'en voit la nécessité.
>
> Deuxièmement, le scientifique ne se sent pas personnellement humilié si ses inférences ne sont pas confirmées. En fait, il tente délibérément de confirmer qu'il a tort en imaginant des expériences qui, si elles réussissaient, détruiraient sa théorie. Combien d'entre nous font-ils ça dans la vie de tous les jours? Cela ne signifie pas que le scientifique est une sorte de surhomme. Très fréquemment, dès qu'il quitte son laboratoire, il se conduit de manière aussi folle que le reste d'entre nous. Pourquoi y a-t-il peu de transfert du laboratoire aux affaires personnelles est un problème complexe que nous aborderons plus tard. Il suffit de dire ici que la nature de son travail semble être une raison qui le force à utiliser un langage dont la structure s'adapte à la part du réel dont il s'occupe.
>
> Quand notre carte (interprétation) ne convient pas au territoire (faits), quand nous agissons comme si nos inférences étaient une connaissance factuelle, nous nous préparons pour un monde qui n'est pas là. Si cela se produit assez souvent, le résultat inévitable est la frustration et une tendance croissante à gauchir le territoire pour qu'il s'adapte à nos cartes[71].

70. Weinberg, p. 51.
71. Weinberg, p. 38.

À mon avis, le fait que le scientifique n'applique pas les deux principes évoqués par Weinberg dans sa vie personnelle et se comporte comme tout un chacun, découle de ce que nos interprétations sont souvent déterminées par des situations émotives antérieures qui nous empêchent de les voir comme des interprétations. Je pense que nous pouvons arriver à mettre ces principes en pratique lorsque nous pouvons être présents à ce qui se passe, sans filtre affectif gauchissant.

Un bel exemple de « tendance croissante à gauchir le territoire pour qu'il s'adapte à nos cartes », ce sont les événements déclencheurs de la guerre au Vietnam dans les années 1960. Les États-uniens soutenaient depuis un certain temps les militaires du Vietnam du Sud contre ceux du Nord. Les généraux états-uniens désiraient y envoyer des militaires, lancer une guerre en bonne et due forme et avaient besoin de justifier un tel geste. Au début d'août 1963, dans la baie de Tonkin, pendant une nuit de tempête, un message parvient de deux destroyers états-uniens qui affirment être attaqués par des bateaux nord-vietnamiens. Le président Johnson est prévenu et déclenche aussitôt des représailles sous forme d'un bombardement aérien. Peu de temps après que le message lui est parvenu, tous ses services de renseignements démentent l'information. Les deux destroyers ont confondu la source des tirs; en réalité, ils se tiraient l'un sur l'autre. Trop tard, le président et son état-major avaient ce qu'ils cherchaient depuis longtemps: un prétexte pour attaquer le Vietnam du Nord. Devant leur détermination à ignorer leur démenti, tous les employés des services de renseignements ont gardé le silence et détruit toute trace de l'erreur d'interprétation de leurs dirigeants. Le président et son état-major avaient réussi à gauchir le territoire pour qu'il s'adapte à leur carte[72].

Je reviens maintenant à cette notion évoquée par Fernando Flores au sujet d'interprétations qui donnent ou enlèvent du pou-

72. Weiner, p. 279.

voir. Personne se lève le matin en se disant être nul et fier de l'être. J'affirme que les interprétations qui nous enlèvent du pouvoir sont nées à notre insu lors d'un événement où nous nous sommes sentis menacés étant très jeunes. Ainsi, lorsqu'un enfant est maltraité par un adulte dont il dépend, en général un parent, il ne peut pas lui en vouloir. Il en dépend. Plusieurs experts de la petite enfance reconnaissent que l'enfant prend la faute sur lui, afin de pouvoir survivre à l'agression qu'il subit sans pouvoir se l'expliquer. Au fil des années, nous nous sommes habitués à vivre avec cette interprétation. La seule façon de nous en rendre compte une fois adultes est d'être sensibles aux situations qui nous rendent mal à l'aise. C'est toujours un signe qu'une interprétation limitante à notre égard mène le bal. La première chose à faire est de reconnaître le malaise ou la perte de pouvoir, ensuite de nous observer pour trouver la source du malaise.

Si vous n'y arrivez pas, vous pouvez en parler à une personne de confiance. Vous pouvez aussi tout simplement continuer vos activités en gardant la question ouverte: d'où me vient ce malaise? Entre-temps, inventez une nouvelle interprétation à votre sujet jusqu'à ce que vous arriviez à la concrétiser. Je me considère comme une très bonne bricoleuse. Dès que je dois faire une petite réparation à mon auto, dans mon appartement ou sur un quelconque appareil, je me débrouille très bien. Cette interprétation me donne du pouvoir dans ce genre de situation. Je suis confiante d'y arriver. Si j'éprouve une difficulté, je la vois comme un défi à relever. Quand j'y arrive, je suis contente. Quand j'échoue, je me dis que c'était un niveau de difficulté supérieur à celui de mes compétences et que la prochaine fois ça ira mieux, ou alors je demanderai conseil. Je suis toujours très attentive aux interprétations que j'ai à mon sujet, au sujet des autres ou des circonstances.

Un jour, un de mes clients a perdu un employé clé dans son entreprise. Il était atterré. «C'est une catastrophe! s'est-il écrié. Il y a une pénurie de travailleurs dans ce type d'emploi (un travail manuel très spécialisé). Ils ont le bon bout du bâton et marchandent leur salaire. Je suis à leur merci. Ça va prendre une éternité avant de trouver un autre bon technicien.» Je lui ai alors demandé si cette interprétation lui était utile dans les circonstances ou si elle entravait sa recherche d'un bon employé. Silence. Il est vrai que les statistiques sur ce genre de poste révèlent qu'il y a beaucoup plus d'employeurs qui recherchent des employés que d'employés qui recherchent un employeur. Mais cela ne veut rien dire, sinon que plus d'employeurs cherchent des employés dans ce domaine que l'inverse. Il y a toujours quelqu'un qui doit changer de travail pour une raison ou une autre. Je lui ai demandé d'arrêter de dire qu'il y a pénurie dans ce domaine et que la recherche serait longue et pénible. Mon client a accepté de laisser tomber son interprétation et de commencer à dire qu'il trouvera rapidement la bonne personne. Même s'il n'y croyait pas au début, il a accepté de jouer le jeu et de faire ce qu'il fallait pour remplacer son employé. Nous avons établi le profil de la personne idéale pour ce poste, une date à laquelle il serait comblé, une liste des actions à prendre et nous nous sommes mis au boulot. La première date fixée n'a pas fonctionné, nous avons continué à chercher en nous fixant un autre échéancier qui a été respecté deux semaines après le départ de l'ancien employé. La nouvelle personne a apporté une tout autre ambiance dans l'entreprise: elle était plus compétente que la précédente et les effets négatifs à court terme ont été presque nuls. Une semaine après l'arrivée du nouveau technicien, mon client s'est rendu compte qu'il y gagnait au change. S'il avait poursuivi avec son interprétation de départ, après une semaine de recherche sans résultat, il aurait dit sans doute à son équipe: «Je vous l'avais dit que ce serait difficile», et ainsi de suite semaine après semaine. Il se peut aussi que mon client ait trouvé un candidat intéressant malgré son interprétation de départ. Mais je trouve que l'ambiance après qu'il eut modifié son attitude était nettement plus stimulante et dynamique que celle qui existait au départ.

Je vous invite à commencer à vous écouter parler, surtout au moment de situations qui ne correspondent pas à vos désirs. Les interprétations ou perceptions que vous entretenez vous sont-elles utiles étant donné vos objectifs? Si elles ne le sont pas, arrêtez-vous pour en prendre conscience, vous interroger sur leur origine ou, tout simplement, arrêtez de les formuler. Inventez-en d'autres qui sont utiles et qui vous donnent du pouvoir. Vos conclusions ouvrent-elles des possibilités ou les limitent-elles? Vous donnent-elles de l'énergie ou vous en enlèvent-elles? Les interrompre quand elles vous coûtent de l'énergie peut vraiment être aussi simple que cela, bien que ça ne marche pas dans tous les cas.

Certaines difficultés que nous éprouvons dans notre vie sont plus complexes que d'autres. C'est au moins une première étape à franchir que d'être attentifs à nos interprétations. Être conscients de celles-ci demande quelquefois beaucoup d'efforts et de persévérance. Nous sommes tellement habitués à vivre avec certaines d'entre elles que c'est presque impossible de les voir. Mais il faut essayer jusqu'à ce que nous y arrivions: le jeu en vaut la chandelle. C'est une discipline de vie que de gérer les conversations que nous entretenons au sujet de nous-mêmes, des autres et des circonstances que nous vivons.

Je vous invite à être impitoyable envers les conversations qui vous empoisonnent la vie. Lorsqu'elles se présentent, reconnaissez-les et chassez-les; elles ne vous sont plus utiles. Dans ces cas, sortez, allez prendre l'air, faites le tour d'un pâté de maisons (ou de plusieurs) et revenez à vos activités avec une nouvelle conversation qui vous donne du pouvoir. À force de faire ce genre d'exercice, vous deviendrez de plus en plus efficace à inventer de nouvelles conversations et de moins en moins tolérant envers les anciennes qui vous nuisent. En cours de réalisation de votre projet, évaluez son évolution, puis déterminez les affirmations nécessaires à son avancement.

J'ai mentionné qu'il n'existe pas d'objectivité, il n'y a que de la subjectivité. Cela implique que l'observation d'un fait est fonction de l'observateur. Je suis consciente que chaque fois que je parle de distinguer les faits des interprétations, les faits sont eux-mêmes très relatifs et dépendants de l'observateur. J'aime bien la façon dont Weinberg explique ce phénomène :

> La raison pour laquelle les affirmations ne font qu'approcher la certitude mais sans jamais l'atteindre vient de ce qu'elles sont basées sur l'observation, et que toute observation comporte toujours un certain élément d'incertitude. Dans la mesure où deux observations, même faites par une seule et même personne, ne sont jamais parfaitement identiques, imaginez alors à quel point deux observations d'un même objet faites par deux personnes différentes peuvent différer. Puisque deux observations ne peuvent être identiques, il n'y a aucune raison de penser que l'une pourrait être juste et l'autre fausse. La méthode des scientifiques consiste à faire des séries d'observations dans des conditions les plus similaires possible (elles ne sont jamais identiques[73]) et à établir une moyenne statistique[74].

Weinberg définit ainsi l'affirmation : « [elle] est faite à la suite d'une observation vérifiable selon des normes établies. » Il s'agit d'un énoncé descriptif que l'on peut vérifier ; il n'ajoute rien à ce qui est observé. Un autre exemple d'affirmation est : l'entreprise a 350 employés. Quelqu'un peut compter le nombre de personnes qui y travaillent. Pour vous et moi, affirmer qu'une table a 76 cm de hauteur suffit. Mais un ami qui dispose d'un instrument plus précis me dit qu'elle mesure 76,32 cm. Quelle mesure est la bonne ? Les deux le sont, tout dépend du contexte et des conventions. Weinberg dit que le choix de la norme est déterminé par le but dans lequel l'objet est mesuré. Pour moi, 32 mm de plus ou de moins ne font pas vraiment la différence. Pour mon ami qui fabrique des tables pour des robots qui travaillent au millimètre près, 32 mm font toute la différence entre une table fonctionnelle et une qui ne l'est pas. Cette notion de contexte détermine la compréhension de l'affirmation. Il faut constamment garder à l'esprit ce que Weinberg nous rappelle,

73. Parenthèses de l'auteur.
74. Weinberg, p. 25.

une fois de plus, car c'est vital de nous en souvenir pour être efficaces, ainsi que Heidegger en parlant de la notion d'être-au-monde :

> Les énoncés factuels (affirmations) approchent mais n'atteignent jamais la certitude. Deux facteurs sont impliqués. Premièrement, toute observation est relative à la structure et à l'état des organes d'observation, et ceux-ci changent continuellement. Deuxièmement, les événements ne se reproduisent jamais rigoureusement identiques à eux-mêmes. La vérification, par définition, réclame au minimum deux observations du «même» événement. Mais le «même» événement ne se produit jamais à nouveau. Ainsi, nous avons un organisme en changement réagissant à un événement en changement. La certitude absolue est alors une impossibilité[75].

Voilà qui règle une fois pour toutes la notion d'objectivité : elle est un leurre. Selon la personne qui parle, l'affirmation peut faire basculer des vies. Une institutrice états-unienne a mené une expérience, il y a plus de 40 ans, à la suite de l'assassinat de Martin Luther King Jr[76]. Elle a affirmé un bon matin que les élèves (de troisième année, donc environ huit ans) ayant les yeux bleus jouissaient d'un statut supérieur à ceux ayant des yeux bruns. Le comportement des élèves aux yeux bleus a complètement changé. Ils ont adopté une attitude de supériorité, abusant même des autres élèves de manières verbale et physique. À son grand étonnement, même leurs notes en mathématiques et en orthographe se sont améliorées. Le lendemain, l'institutrice leur annonce qu'elle s'est trompée et que, en réalité, ce sont les élèves aux yeux bruns qui sont supérieurs aux autres. Les élèves aux yeux bruns se sont comportés envers ceux aux yeux bleus de la même façon que ces derniers les avaient traités et leurs notes se sont aussi améliorées. Les victimes initiales (élèves aux yeux bruns) sont devenues les bourreaux de leurs bourreaux du début (les élèves aux yeux bleus)[77].

---

75. Weinberg, p. 42-43.
76. Le révérend Martin Luther King Jr est un pasteur baptiste afro-américain né à Atlanta (États-Unis) le 15 janvier 1929 et mort assassiné le 4 avril 1968 à Memphis. (Source : Wikipédia, consulté le 29 mai 2009.)
77. Une institutrice québécoise a repris la même expérience en 2007 avec les mêmes résultats.

En 1638, les experts et les autorités religieuses affirmaient que la terre était le centre de l'Univers et que le soleil tournait autour. Galilée affirmait que le soleil était le centre de l'Univers et que la terre tournait sur elle-même et autour du soleil. Les «experts» de son époque ont refusé son affirmation. Galilée a envoyé aux experts susceptibles de la vérifier les lentilles qu'il avait conçues et qui lui avaient permis de faire cette observation. Ils ont refusé de s'en servir. Le tribunal de l'Inquisition l'a condamné pour hérésie et obligé à se rétracter, ce qu'il a fait. Voilà ce qui peut arriver quand nous considérons que notre point de vue (en l'occurrence celui de l'Église catholique) est la vérité. Vous pensez certainement que cette attitude est chose du passé et que nous sommes plus ouverts maintenant. Je pourrais écrire un livre tiré d'exemples de gens qui ont considéré et qui considèrent leur point de vue comme *la* vérité, bloquant ainsi toute exploration de possibilités fort intéressantes. Vous trouverez en annexe 3 (voir à la page 231) une série d'affirmations célèbres pour leur côté réducteur.

Les livres d'histoire sont une série d'affirmations présentées comme la vérité, ce qui est aussi le cas pour la majorité de tous les manuels de tous les niveaux d'éducation. Ils varient selon les époques et les objectifs des dirigeants. En 2007, les Chinois ont violemment réagi à la réécriture d'un livre d'histoire japonais qui omettait de mentionner un massacre perpétré par les Japonais en Chine. Des livres d'histoire contiennent des affirmations gratuites, présentées sans fondement et critiquées par les experts.

Les journaux et les revues contiennent également des affirmations qui se retrouvent souvent à la une. Certaines affirmations peuvent même démarrer un phénomène, car si les gens voient un titre à répétition, ils risquent d'agir en conséquence. C'est ce qui se passe à mon avis quand les journalistes et les commentateurs économiques parlent de possibilité de récession. Je suis convaincue qu'une partie du phénomène est due à la réaction des gens à cette affirmation. Si des personnes en position d'autorité émettent des affirmations sans fondement, elles créent de toutes pièces une certaine *réalité*. Un diagnostic médical est une affirmation. Combien de médecins ont affirmé à leurs patients qu'ils ne pourraient plus marcher ou parler et que ceux-ci y sont quand même parvenus? La prochaine fois que vous poserez un diagnostic sur une situation, pesez vos mots, car ils ont beaucoup plus de poids que vous ne l'imaginez.

Il est parfois dangereux d'affirmer. C'est le cas lorsque quelqu'un est dérangé ou menacé par l'information. C'est inutile de donner des preuves scientifiques à une personne qui n'a pas d'ouverture d'esprit, qui n'est pas curieuse. S'il n'y a pas d'ouverture d'esprit, les preuves ne feront aucune différence. La personne qui se sent menacée par l'information cherchera des contre-preuves, ce qui n'est pas une progression mais un débat pour savoir qui a raison et qui a tort, pour ensuite condamner ceux qui ont tort. Cela devient une question d'individus et non d'une idée à débattre. Ainsi, en 1847, le docteur Semmelweis[78] a prouvé hors de tout doute que les médecins contaminaient eux-mêmes leurs patientes atteintes de fièvre puerpérale dont elles mouraient. Pour arrêter l'hécatombe, il suffisait de se laver les mains après chaque examen d'une patiente. Ils n'ont pas apprécié sa découverte et ont tout fait pour lui donner tort, pendant que des milliers de femmes mouraient atteintes de cette fièvre mortelle. Le docteur Semmelweis a dû passer une bonne partie de sa vie à donner des preuves à des gens qui ne voulaient pas les entendre.

Les scientifiques testent constamment leurs affirmations, qu'ils appellent aussi axiomes, théorèmes, postulats, prémisses, théories, hypothèses, énoncés, etc. C'est leur travail. Ils savent que leurs affirmations ne sont ni fausses ni vraies. Ils n'y sont pas attachés, contrairement à nous. Ils sont davantage intéressés à comprendre, à découvrir et ne se vexent pas si une de leurs théories s'avère

78. Ignace-Philippe Semmelweis (1818-1865) est un médecin obstétricien austro-hongrois qui a œuvré pour l'hygiène avant les découvertes de Pasteur (1822-1895).

fausse, enfin la majorité d'entre eux agissent de la sorte. Nous, par contre, sommes très attachés à notre point de vue et à nos affirmations que nous considérons comme vrais : « Mais c'est vraiment un imbécile, tout le monde dans le bureau le pense ! » Nous nous offusquons si quelqu'un se permet de mettre notre « observation » en doute. Nous sommes souvent davantage intéressés à avoir raison et certains d'entre nous, je le répète, ne reculent devant rien, y compris le ridicule, pour le prouver. Albert Camus[79] en donne un bel exemple dans son roman *L'étranger*. Un homme en tue un autre pour la seule raison qu'il faisait chaud et qu'il avait le soleil dans les yeux. Insatisfaits de ce mobile, les avocats de la défense fouillent dans son passé pour découvrir qu'à l'enterrement de sa mère, quelques mois plus tôt, il n'avait pas pleuré. À partir de ce fait et d'autres semblables (tous aussi anodins), ils ont bâti leur plaidoyer en affirmant que cet individu était sans-cœur et méritait la peine de mort. Et il a été exécuté.

J'ai démontré que les événements n'ont que le sens que nous leur donnons, qu'ils ne sont pas la vérité, mais un point de vue possible sur une situation ou sur une personne, et que nous pouvons utiliser nos affirmations efficacement. Conscients qu'elles existent dans notre univers, nous pouvons les étayer par des observations afin que les autres en comprennent l'origine. Cela leur donne l'occasion d'en faire autant avec leurs propres observations. La somme de ces perceptions différentes et ancrées dans la réalité nous donne une vue beaucoup plus riche d'une situation ou d'une personne. À plusieurs reprises depuis le début de ce livre, j'ai émis des affirmations. Vous remarquerez que, très souvent, je les ai étoffées d'exemples ou de propos pour les soutenir.

Dans une utilisation plus avancée des actes de parole, il faut distinguer deux sortes d'affirmations : celles qui sont automatiques et celles qui sont engagées. Les premières sont plus répandues et

79. Albert Camus (1913-1960) a été philosophe, écrivain et dramaturge français.

nous viennent de l'arrière-plan. Nous affirmons sans nous préoccuper de savoir s'il s'agit d'une affirmation. Nous donnons notre opinion en bon gérant d'estrade, pensant avoir raison. Les affirmations engagées se caractérisent par le fait que le locuteur a l'intention de faire avancer les choses en l'avançant. Dans l'exemple suivant tiré du livre de John Case, *Open-Book Management: The Coming Business Revolution*, nous remarquons que les gens se servent d'affirmations ancrées dans la réalité et que cela permet des résultats fort intéressants.

«Kellow est un créateur de logiciels, sympathique, solidement bâti, qui travaille pour Acumen International, une entreprise située à San Rafael, en Californie. Acumen produit ce que l'on appelle des systèmes d'évaluation personnelle à 360 degrés qui sont vendus à de grosses entreprises. En règle générale, les clients achètent un système d'Acumen, rassemblent ensuite des questionnaires de données auprès de leurs employés, de leurs collègues et de leurs superviseurs, et renvoient les données. Puis, Acumen réalise un rapport adapté à la demande du client sur chaque personne. Les rapports sont utilisés par les clients pour aider les gestionnaires à s'améliorer, créer des équipes, etc.

Il y a quelque temps, Acumen a commencé à faire des réunions mensuelles portant sur l'état des affaires. Le directeur des finances avait donné une série de cours pour s'assurer que les employés comprenaient les règles de base des finances. Ensuite, pendant les réunions, la compagnie ou le PDG leur présentait les états des revenus et dépenses ainsi que les prévisions budgétaires.

Rob Kellow n'aimait pas vraiment participer à ces réunions. Il lui semblait que cela lui faisait perdre du temps. Il aurait préféré être ailleurs à faire quelque chose pour lequel il était payé plutôt que d'être assis là à écouter tous ces chiffres.

Mais au cours d'une de ces réunions, il a tout d'un coup entendu quelque chose qui l'a étonné.

L'un des nouveaux produits d'Acumen, un système d'évaluation qui avait été lancé sans grandes fanfares, se vendait comme des petits pains, dépassant ainsi toutes les attentes. En fait, le service des ventes prévoyait que, prochainement, ce produit représenterait de 30 % à 40 % des bénéfices d'Acumen (affirmation).

Au cours d'une réunion subséquente, Ornaith Keane-Fowler, la responsable de l'exploitation, a fait part d'un problème. Les rapports d'évaluation destinés

> aux clients et traités avec ce nouveau système demandaient trop de temps, soit 7,5 minutes par rapport. À ce rythme, l'entreprise n'allait pas faire beaucoup d'argent avec ce produit. Grâce aux prévisions de revenus (affirmation), tout le monde pouvait voir s'approcher le désastre : de plus en plus de ventes d'un produit tout juste rentable (affirmation). Ce n'était pas la recette du succès.
>
> Kellow se souvient d'avoir quitté la réunion en se disant qu'il fallait qu'il agisse (promesse faite à lui-même).
>
> Cette nuit-là, il a rencontré un autre programmeur appelé Rodney Kam. Les deux ont écrit un petit programme d'ordinateur pour leur permettre d'essayer d'élaborer les rapports sur un ordinateur plus rapide. L'expérience a fonctionné. Les rapports sortaient en deux minutes. Ils ont alors calculé le gain de temps que cela entraînerait pour le nombre de rapports que l'entreprise envisageait de produire, puis ils ont traduit ce gain de temps en argent. Ils ont ensuite examiné ce que coûterait un ordinateur plus rapide.
>
> Et ils ont fait mouche. Le coût de l'ordinateur serait amorti presque instantanément (affirmation). Quelques jours plus tard, l'ordinateur était acheté et en fonction. »

La responsable de l'exploitation a *affirmé* que le traitement des rapports était trop long, soit 7,5 minutes. Elle a étayé cette affirmation grâce à ses prévisions de vente à long terme et *affirmé* que ce produit n'était pas rentable. Tout le monde voyait la même chose qu'elle. Kellow s'est *promis* d'agir et a donc *demandé* à un collègue de faire des tests avec lui. Ceux-ci étant concluants, ils ont *affirmé* pouvoir rendre cela rentable en achetant un ordinateur plus puissant, preuves à l'appui. Voilà le pouvoir d'affirmations bien ancrées dans la réalité, dans ce cas-ci, grâce à la comptabilité. La comptabilité est la meilleure manière d'ancrer les affirmations, lorsque c'est fait avec honnêteté, je m'empresse de le préciser.

Nous pouvons dire ici que honnêteté signifie zéro écart entre la pensée de la personne qui fait les états financiers et la réalité. Quand nous sommes de mauvaise foi, que nous voulons arriver à nos fins sans scrupule, nous pouvons vraiment *faire dire n'importe quoi*. La vague de scandales financiers depuis le début du XXIe siècle est éloquent à ce titre.

Voici quelques questions à vous poser pour fonder une affirmation avec l'intention de faire avancer les choses :

- Quelle est la justification de cette affirmation ?
- Quelles sont les normes sur lesquelles j'appuie cette affirmation ?
- Quelles observations puis-je faire pour soutenir mes affirmations ?
- Quelles possibilités et actions s'ouvrent à moi après avoir fondé cette affirmation ?

En gardant toujours à l'esprit d'avoir à ancrer vos affirmations, vous vous assurez de progresser dans vos projets. Vous devez être prêt, s'il le faut, à les rejeter et à en inventer d'autres. En n'y étant pas attaché, vous retrouvez votre liberté d'action et votre présence à ce qui est. Puisqu'il n'y a que des interprétations, le travail des membres d'une équipe, lorsqu'il y a dissension parmi eux, est de s'entendre sur une interprétation ou plusieurs et de déterminer les actions qui en découlent.

Voici, en guise de résumé, le déroulement possible de conversations de gens engagés et conscients. Une personne demande, l'autre accepte et promet d'exécuter la demande. En cours de route, le demandeur peut changer d'idée et annuler sa demande. Il va le faire le plus tôt possible et ne pas attendre que l'autre ait presque terminé le travail demandé. Ou alors, celui qui a promis peut avoir un contretemps et demander de révoquer sa promesse ou de la reporter. Autre scénario possible : une personne demande et l'autre promet de répondre plus tard.

Nous devons quelquefois demander une information avant de promettre. Au moment de donner notre réponse, nous pouvons faire une contre-offre et reculer l'échéancier initial à la lumière de l'information obtenue. À la fin, le prometteur peut déclarer la demande complétée et le demandeur, le remercier. Et même le féliciter s'il a accompli sa promesse au-delà des critères de satisfaction du demandeur.

Voici des verbes illocutoires de type assertif: affirmer, nier, penser, suggérer, prédire, prophétiser, relater, soutenir, maintenir, assurer, certifier, témoigner, attester, jurer, objecter, contredire, démentir, critiquer, louer, contester, accuser, blâmer, réprimander, dénoncer, avouer, confesser, confier, insister, se plaindre, se lamenter et se vanter[80].

Maintenant, quelles affirmations pouvez-vous faire au sujet de votre projet? Quelles étapes avez-vous franchies? Parler pour agir est un jeu de demandes, de promesses, de contre-offres, de déclarations et d'affirmations qui se donnent la réplique dans un engagement de clarté, de rigueur, de responsabilité et de satisfaction. Mettez tous ces éléments du langage au service de la réalisation de votre projet. J'espère que la présentation du rôle des actes de parole fera avancer vos projets et vous donnera, ainsi qu'à ceux et à celles qui vous côtoient, beaucoup de plaisir.

En résumé

Caractéristiques de la déclaration

- Elle est prononcée par une personne en position d'autorité par consensus social.
- Elle est sincère.
- Elle a, dans certains cas, un effet immédiat.
- Elle n'a besoin d'aucune preuve lorsqu'elle est ontologique, mais elle est juridique ou pratique si elle se base sur des preuves.
- Elle est formulée de la façon suivante: «Je déclare que X est valable.»

80. Vanderveken, p. 167.

Caractéristiques de la demande

- Une action future (pas évident que cela se produira sans intervention).
- Une présupposition de la capacité à réaliser la demande.
- Des critères de satisfaction ou des besoins clairement énoncés.
- Un échéancier bien établi.
- Un demandeur sincère.
- Sa formule est: «Je te demande de faire X d'ici Y.»

Réponses à une demande

- L'interlocuteur accepte.
- L'interlocuteur refuse.
- L'interlocuteur fait une contre-offre.
- L'interlocuteur promet de répondre plus tard.

Caractéristiques de la promesse

- Une action future.
- Un arrière-plan d'évidence de la faisabilité de la promesse.
- Des critères de satisfaction ou des besoins clairement énoncés.
- Un échéancier bien établi.
- Un prometteur sincère.
- Quelque chose qui manque.
- Sa formule est: «Je promets de faire X d'ici Y.»

Caractéristiques de l'affirmation

- C'est le point de vue de la personne qui parle.
- La chose affirmée peut être observée par un tiers.
- Le «fait» se fonde sur une convention.
- Ce n'est ni vrai ni faux.
- Elle peut être fondée ou non fondée.

Chapitre 5

Les actes de parole au quotidien

Nous avons déjà vu quatre actes de parole: la déclaration, la demande, la promesse et l'affirmation. J'ai donné, dans un premier temps, les caractéristiques de chacun, puis je les ai intégrés dans le milieu ambiant des communications interpersonnelles. J'ai ainsi démontré qu'il n'est pas toujours facile de nous en servir, mais que le fait d'y arriver ouvre plein d'horizons prometteurs pour la qualité des relations que nous entretenons avec les gens de notre entourage. Je propose maintenant différents exemples d'utilisation des actes de parole dans la vie de tous les jours. Ces applications reposent toutes sur un engagement et un contexte de coopération. Sans engagement sincère et réel, elles ne valent rien.

Quel système utiliser?

Maintenant que nous savons comment parler pour faire avancer nos projets, le défi est d'organiser notre parole dans la réalité: «Qu'est-ce que j'ai dit que je ferais, à qui et pour quand?» Plus nous nous engageons, plus nous demandons et promettons, plus nous devons suivre l'évolution de ces engagements. Tout gestionnaire ou coordonnateur (pour une fête d'amis, par exemple) se doit de développer et de maintenir un réseau d'échanges verbaux qui génèrent l'action et qui mènent au succès d'un projet.

La question suivante se pose: «Quel est le meilleur système pour gérer nos engagements?» Il n'y en a pas. Ce qui fait la différence entre un système et un autre, c'est l'intention de tenir un registre serré de ce que nous demandons ou promettons et de ce que les autres nous demandent ou promettent, afin d'être vraiment notre parole. Le système à utiliser pour faire nos suivis peut être un petit calepin, un ordinateur ou un système sophistiqué. Vous avez certainement déjà vu des gens qui possèdent un agenda très cher et ne s'en servent pas. Je connais aussi des gens très efficaces qui fonctionnent avec un bloc-notes toujours sur eux. La liste de choses à faire est en réalité une série de promesses faites à vous-même ou à d'autres.

De nos jours, il existe une grande variété d'agendas – électroniques, en format de poche ou sous forme de livres – et des logiciels de gestion d'agenda avec des alertes, ce qui est excellent. Je préfère encore écrire et tourner des pages. J'utilise le genre Quo Vadis, format de 10 cm × 17 cm environ et de 3 cm d'épaisseur. Cet agenda n'est pas léger, donc je ne l'ai pas toujours avec moi. Par contre, j'ai des bouts de papier ou des petits calepins avec stylos dans plusieurs endroits stratégiques: mon portefeuille, mon sac à main, mon auto, toutes les pièces de mon appartement. Je suis toujours prête à noter une demande, une promesse ou une idée. Et si je me retrouve dans une situation où je n'ai rien pour écrire, je m'arrange pour obtenir un bout de papier et un stylo afin de pouvoir transcrire la note plus tard dans mon système central. Pour être prête à parer à toute éventualité, comme être en pleine nature, au milieu de nulle part, j'ai élaboré une technique mnémonique pour me souvenir de mes engagements. Je laisse très peu au hasard, mais un peu quand même. Il faut bien faire un peu de place aux surprises. J'ai aussi remarqué que plus je suis présente, plus je me souviens naturellement de mes engagements.

C'est votre engagement à être conscient et à avoir une vue d'ensemble de vos conversations qui stimulera votre créativité et vous permettra de trouver le système qui vous aidera le mieux, selon la nature de vos activités. En notant mes engagements, je me libère l'esprit et je n'ai pas à me demander si j'ai oublié quelque chose. J'ai plusieurs listes de contrôle lorsque je pars en voyage, que je donne des conférences, pour le camping, les randonnées pédestres, des travaux saisonniers dans mon appartement, mon épicerie. J'oublie rarement la même chose deux fois. Commencez à remarquer si vous tenez vos engagements. Si je devais interviewer dix personnes au sujet de votre capacité à tenir vos engagements, qu'est-ce qui en ressortirait? Ces personnes auraient-elles confiance en votre parole?

Les conversations

Je peux résumer tout ce dont j'ai parlé jusqu'à maintenant par le terme «conversation». J'entretiens toutes sortes de conversations avec toutes sortes de gens. Plus je suis efficace à les organiser, plus je peux accomplir de choses. Aussitôt que je demande et qu'on me promet, ou l'inverse, je note l'acte de parole dans mon agenda. Si je l'ai sous la main, je le note là où je dois le voir pour ne pas l'oublier. Si on est lundi et que je promets, au cours d'un dîner d'affaires, d'envoyer le mercredi suivant un courriel à Jacques, je note sous mercredi, à la rubrique «À faire»: courriel Jacques. Je peux alors me dégager l'esprit et continuer ma conversation avec lui. Si je n'ai pas mon agenda, je le note sur un bout de papier que je mets dans mon portefeuille avec les reçus de restaurant et autres tickets de caisse que je sors dès que j'arrive chez moi. Je prends alors mon bout de papier, je transcris l'information dans mon agenda et je l'oublie, sachant que je le reverrai à temps pour tenir ma promesse.

Si je dois préparer quelque chose afin d'envoyer le courriel mercredi, je le noterai sous la journée de mardi, la veille. Je laisse l'initiative à mon interlocuteur lorsqu'il demande quelque chose. Supposons que je parle à un ami d'un bon livre. S'il me demande de lui envoyer la référence pour le commander, je lui propose de me rappeler de le faire. Mon ami peut très bien ne jamais m'en reparler. J'ai commencé à agir de la sorte après avoir fait des efforts pour donner des renseignements à des gens qui, au fond, n'en voulaient pas vraiment. Leur laisser l'initiative de me rappeler ce dont ils ont besoin est pour moi une façon de vérifier leur engagement envers leur demande.

Si, pendant le lunch, je demande à mon interlocuteur de m'envoyer un courriel le mercredi suivant, qu'il accepte et que, à l'heure convenue, la promesse n'est pas tenue, j'appelle, j'écris, bref, je demande ce qui se passe. Ai-je mal compris? Me suis-je mal exprimée? Je vérifie d'abord s'il y a eu malentendu. Il m'arrive de mal noter, de ne pas voir les notes que j'ai sous les yeux et même de ne pas pouvoir relire mes propres notes! Elles sont très brèves, il arrive qu'elles le soient trop. Mes nouvelles connaissances ont vite compris qu'il vaut mieux se manifester si elles ne remplissent pas une promesse qui m'est faite, car je vais faire le suivi. Après un certain temps, les gens tiennent de plus en plus leur parole, et les suivis se font de plus en plus rares. Cela me demande d'être attentive dès le début. Mais, à la longue, tout le monde s'en porte mieux et la vie devient beaucoup plus facile.

Si je réalise que je ne pourrai pas tenir ma promesse, je préviens immédiatement les gens soit pour la réviser, soit pour trouver une solution à la situation. À ce moment, j'arrive avec une ou plusieurs propositions. C'est moi qui ai fait la promesse, donc à moi de trouver une solution. En dialoguant avec la personne qui a fait la demande initiale, tout s'arrange pour le mieux. Cela ne sert à rien de vouloir bien paraître et de s'en sortir seul quand une échéance est serrée. Le travail risque d'être bâclé et moi, sous tension. Il est alors beaucoup plus productif et beaucoup moins stressant de demander de l'aide.

Un autre type de conversation est également important: les conversations entretenues à notre sujet, d'où l'importance d'en être conscients et de nous en occuper si nous pensons qu'elles sont limitantes. La nature d'une conversation est de disparaître et pour la conserver, il suffit de l'entretenir.

Une conversation entretenue devient une *réalité* et façonne le comportement des gens. C'est ce qui se passe avec le commérage. Plus nous critiquons une personne dans son dos avec d'autres complices, plus cette personne est mise à l'écart. Cela peut même mener au harcèlement psychologique. Le commérage est une série d'affirmations considérées comme la vérité. Elles divisent les gens en clans: les pour et les contre, et c'est le début de la guerre au sein d'un groupe. C'est aussi ce phénomène dans les cours d'école avec les «rejets», ces enfants sur lesquels plusieurs s'acharnent.

Nous pouvons nous défaire d'une conversation non désirée en l'amenant au premier plan, en reconnaissant son existence, en l'observant sans la condamner, et en nous interrogeant sur son utilité étant donné notre engagement.

Je recommande aux gestionnaires avec lesquels je travaille de veiller à ce que ceux qui les entourent entretiennent des conversations à leur sujet qui leur donnent du pouvoir. Si ce n'est pas le cas, ils doivent intervenir de toute urgence. Ce sont les conversations informelles qui dirigent les actions des gens; souvenez-vous l'employé qui obéissait à ses collègues plutôt qu'à son patron. Veillez-y et votre crédibilité et votre productivité grimperont. La meilleure façon de savoir ce que les gens pensent de vous est de donner à des personnes de confiance votre engagement à être perçu de manière positive et de leur demander, d'après elles, comment les autres vous perçoivent. Si cette personne vous dit que quelques-uns de vos collaborateurs vous perçoivent comme un manipulateur, voilà une interprétation limitante à votre égard. Ces gens-là vont se méfier de vous, même si vous leur voulez du bien. Vous devez alors faire preuve de tact et mener votre enquête pour trouver précisément dans quelles circonstances cette interprétation est survenue. Une fois que vous le savez, vous pouvez faire deux choses. La première, tenir compte de la situation, la corriger et, au bout d'un certain temps, vérifier si la conversation limitante a disparu. La seconde, rencontrer la personne qui entretient cette conversation et nettoyer la situation avec elle. Vous trouverez à l'annexe 2 (voir à la page 227) une méthode à suivre pour y arriver. C'est ce que j'appelle gérer l'écoute des autres à votre égard.

Un mot sur la notion de culture. La culture d'un groupe est une série d'affirmations au sujet de ce qui se fait ou ne se fait pas dans ce groupe, des comportements adéquats, etc. J'aime bien l'exemple suivant, dont je ne connais pas la source. Une expérience a été menée auprès de singes. Les chercheurs ont placé dix singes dans une cage. Au bout d'un poteau se trouvaient des bananes. Chaque fois qu'un singe montait pour attraper une banane, il se faisait asperger d'une douche froide. Au bout d'un moment, les singes ont renoncé à aller chercher les bananes. C'est alors que les chercheurs ont retiré cinq singes pour les remplacer par cinq nouveaux. Ceux-ci, excités par les bananes, ont tenté d'aller les chercher. Mais les cinq du début les en ont empêchés, de peur de recevoir une douche froide. Au bout d'un moment, les cinq nouveaux singes ont arrêté d'aller chercher les bananes. À ce stade de l'expérience, les chercheurs ont retiré les cinq derniers singes du début et les ont remplacés par cinq nouveaux. Les dix singes présents dans la cage n'avaient jamais reçu de douche froide. Lorsque les nouveaux singes ont tenté à leur tour de prendre les bananes, la deuxième génération, qui n'avait jamais reçu de douche froide mais qui avait été empêchée d'y arriver par ceux qui en avaient reçu une, a empêché à son tour la troisième génération de prendre des bananes.

C'est ça une culture. Nous faisons quelque chose sans savoir pourquoi, mais c'est ainsi que ça se fait. Elle est le contexte qui encadre nos actions, pour le meilleur ou pour le pire. Ce qui fait la force du style de gestion de Ricardo Semler est qu'il remet tout en question et encourage ses employés à en faire autant. Pourquoi assemblons-nous cette pompe de cette manière ? Pourquoi les soudeurs doivent-ils porter tels vêtements ? Pourquoi devrions-nous obliger les gens à arriver au travail à une heure précise? Il fait cela depuis trente ans et son entreprise est florissante.

Maîtriser les conversations d'un projet

Vous avez un projet qui vous tient à cœur, comme celui de rénover votre maison, lancer un nouveau produit ou partir en voyage avec votre famille. Vous devez en parler afin de rallier à votre cause votre partenaire d'affaires ou de vie. Pour y arriver, Fernando Flores a inventé une série de conversations qui permettent de faire avancer un projet. Il y en a cinq qu'il nomme «conversation engendrant»:

1. la relation;
2. la possibilité;
3. la faisabilité;
4. l'action;
5. la réalisation.

Conversation engendrant la relation

La réussite d'un projet est fonction de la qualité de la relation entre les gens. Lorsque nous apprécions une personne, nous avons plus de patience pour ses côtés sombres. Nous sommes plus tolérants et prêts à lui venir en aide. L'autre y sera sensible et nous rendra la pareille, sera prêt à aller plus loin pour nous faire plaisir. Voilà ce que nous faisons tout naturellement avec les gens que nous aimons. Mais lorsque nous sommes au travail, avec notre belle-famille ou un nouveau cercle d'amis, comment établir rapidement une relation de qualité avec de nouvelles connaissances? Nous pouvons aussi nous trouver en présence d'une personne qui nous énerve et avec laquelle nous devons accomplir une certaine tâche. Comment aller au-delà de notre agacement? En créant une conversation pour la relation.

Je parlais à une amie de mon intention d'ajouter des illustrations dans mon livre et lui disais que je considérais retenir les services d'une connaissance pour le faire. Elle me suggère d'attendre, car elle aimerait que je rencontre le fils d'une cousine qui dessine très bien. J'étais prête à le rencontrer, à la condition qu'il m'appelle et fasse les efforts nécessaires pour me montrer ses talents. Deux jours plus tard, cette amie me rappelle en me disant qu'elle n'a pas parlé au fils de sa cousine depuis plusieurs années. Elle est gênée de l'appeler pour lui faire cette proposition et, du coup, laisse tomber sa demande. C'est un exemple où la relation entre deux personnes est insuffisante pour soutenir un projet. Plus une relation est solide, plus un projet peut prendre de l'ampleur.

Voici différentes étapes à franchir quand vous voulez établir une relation de qualité. Elles sont les mêmes qu'il s'agisse d'une nouvelle connaissance ou d'une personne que vous connaissez depuis longtemps et avec laquelle vous éprouvez un malaise que vous aimeriez régler. Je vais consacrer beaucoup d'espace à cette conversation, car elle détermine tout le reste. Elle est la fondation, le tremplin à partir duquel bâtir votre projet. Elle mérite toute votre attention.

Être conscient de ses interprétations limitantes

Nous avons souvent des tonnes de preuves qu'une personne est désagréable, obstinée, bornée. Tout le monde dans la famille est d'accord: ce beau-frère est impossible. Ou bien, au bureau, c'est clair que Richard est incapable de faire du bon travail, tout le monde en souffre. Le commérage va bon train et chacun nourrit sa mauvaise réputation. Comme je l'ai déjà mentionné, c'est impossible d'aider une personne ou d'en être écouté lorsque nous lui donnons tort. D'instinct, elle va le savoir et se protéger avec ce qu'elle aura ressenti. Je propose la transparence en lui mentionnant votre malaise, en lui disant ouvertement être engagé envers une relation fonctionnelle et en cherchant à comprendre avec elle la source de votre malaise.

Avoir de l'empathie

Je définis l'empathie comme la capacité de se mettre dans les souliers de l'autre sans lui donner tort d'une part et sans entrer dans ses problèmes d'autre part. Si vous voulez passer maître dans l'art d'établir rapidement des relations solides, vous devez comprendre ce qui motive les gens. J'entends par là que si une personne a des paroles que vous considérez comme blessantes à votre égard et que vous devez la côtoyer régulièrement, il vous faut intervenir. Une façon de le faire est de constater qu'une explication doit avoir lieu et d'être attentif à la meilleure manière d'y arriver (voir à ce sujet l'annexe 2, à la page 227). Votre objectif est de comprendre les motifs de l'autre sans le juger et de vous entendre sur une façon de vous parler à l'avenir pour vous assurer mutuellement un climat sécuritaire sur le plan relationnel. Rappelez-vous, les gens ne font jamais d'erreurs. Les gestes qu'ils font sont toujours fonction de leur perception du monde. Donc, lorsque quelqu'un fait quelque chose qui ne vous convient pas, demandez-lui ce qui a motivé son geste. Pourquoi a-t-il agi de la sorte ? Qu'est-ce qui lui est passé par la tête ? Entrez dans son monde, découvrez sa perception et comprenez ce qui l'a motivé.

Après avoir pris conscience de vos interprétations limitantes et compris les motivations de votre interlocuteur, ce dernier sera en mesure de sentir que vous pouvez vous mettre dans ses souliers sans lui donner tort. Vous cherchez à voir selon son point de vue. Qu'est-ce qui est important pour cette personne ? Qu'est-ce qui lui tient à cœur ? Tenez-en compte quand vous l'approcherez. Je vous promets qu'il sera disposé à vous écouter. Ce n'est pas toujours facile, j'en conviens, mais le jeu en vaut la chandelle.

Les typologies (études de personnalités) m'éclairent grandement sur les mobiles des autres. Je vous recommande celles que j'utilise le plus : l'astrologie, l'ennéagramme, les constitutions homéopathiques et la numérologie. Elles constituent d'excellents outils de travail pour établir nos propres automatismes et permettent de mieux nous comprendre, ainsi que les motivations des gens, tout en étant conscients qu'elles sont un point de vue possible sur un individu, pas la vérité.

Reconnaître et apprécier

Le fait de reconnaître quelqu'un établit un lien très rapidement. Je le répète, cela doit être sincère, sinon abstenez-vous. On peut facilement percevoir la reconnaissance qui ne vient pas du cœur. Rien ne m'énerve davantage que les phrases automatiques comme : « Merci d'avoir appelé chez Bell » ou « Merci d'être venu à la Banque Nationale ». Elles sont dites automatiquement et manquent de sincérité. Je préfère ne rien entendre. Un jour, après avoir annulé mon service téléphonique, j'ai parlé à un représentant de la compagnie pour finaliser le tout. À la fin de la conversation, l'employé m'a remerciée de faire affaire avec eux. Je n'ai pu m'empêcher de lui demander pourquoi il me disait cela, alors que je n'étais plus cliente. Silence. Puis la personne s'est reprise en me remerciant d'avoir fait affaire avec eux. Dans cet exercice, je peux même arriver à apprécier un parfait étranger. Lorsque j'adopte l'idée de reconnaître un inconnu, c'est fou ce que je peux lui trouver de bien. Je peux même trouver quelque chose de bien aux gens qui m'énervent le plus. Ils font au moins une chose correctement. Je peux le souligner, sincèrement, et cela m'aidera à laisser aller mon opinion défavorable à leur sujet.

Vous voilà maintenant en présence d'une personne qui sait que vous la respectez, que vous êtes de son côté, que vous l'écoutez, sans intention cachée. Cette personne sait qu'il n'y a pas de danger en votre présence, vous venez de créer un climat de sécurité affective, élément essentiel à une communication de qualité. Cela crée un lien très fort et très puissant entre deux personnes. Quand vous vous sentez en sécurité avec quelqu'un, vous pouvez donner le meilleur de vous-même, sans retenue.

Parler ouvertement

Vous avez maintenant créé un espace dans lequel votre interlocuteur et vous pouvez vous exprimer sans retenue. Vous remarquerez que tout le travail s'est fait sur vous, sur votre perception de l'autre, sur votre rapport à l'autre. En prenant soin de vous-même, vous prenez soin de l'autre. Cela demande beaucoup de générosité pour renoncer aux interprétations limitantes, avoir de l'empathie, reconnaître et apprécier, écouter et respecter. Vous pouvez maintenant récolter les fruits de tous ces efforts et vous exprimer complètement, sans retenue, car ce sera essentiel pour la prochaine conversation.

Conversation engendrant une possibilité

Je dois d'abord expliquer ce que j'entends par possibilité. Il ne s'agit pas de quelque chose de probable dans le futur. J'entends par possibilité quelque chose qui nous affecte maintenant, dans le moment présent. Il y a quatre ans, j'ai découvert la «gestion à livre ouvert» (dont je vous ai parlé au chapitre 4). C'est une philosophie très avant-gardiste de gestion de l'entreprise. J'ai dû attendre onze mois avant de décrocher mon premier mandat où j'ai pu enfin la mettre en œuvre. Pendant onze mois, j'en ai parlé avec un enthousiasme soutenu. Cette approche de gestion stimulait tous mes efforts à chaque moment. La possibilité qu'elle représentait d'offrir une structure qui encourage les employés à être responsables m'a permis de soutenir mes efforts, car elle était très forte pour moi pendant ce temps. J'y suis arrivée parce que cette possibilité était vivante à chaque instant.

Donc, lorsque vous êtes en présence d'une personne avec laquelle vous avez établi une bonne relation, voici comment aborder l'étape suivante. Parlez de ce que votre projet représente pour vous, pourquoi il vous tient à cœur. Ne faites pas l'analyse des possibilités que vous envisagez, mais partez d'elles et considérez plutôt où elles peuvent vous mener. Il n'y a aucun engagement à ce stade, seulement de la spéculation: «Et si c'était possible...» L'objectif est d'amener l'autre à voir ce que vous voyez comme possible. Parlez jusqu'à ce que vous y arriviez. Vous saurez que vous y êtes quand l'autre commencera à parler de la façon de réaliser cette possibilité.

Au cours d'une présentation à un client, je l'ai aidé à cerner les objectifs qu'il voulait atteindre grâce à mon intervention. Nous avons ensuite déterminé des indicateurs de ce qui devrait se passer dans l'entreprise pour savoir que les objectifs étaient atteints. Par exemple, pour un objectif de direction clair pour tous, nous saurons qu'il est atteint lorsque telle personne dira que tous travaillent enfin dans la même direction. Une fois que tous les objectifs et les indicateurs ont été établis, le client a spontanément demandé: «Quand allons-nous commencer?» Je savais alors que nous étions arrivés à l'étape suivante.

Conversation engendrant la faisabilité

À ce stade, vous commencez à élaborer qui pourrait faire quoi et quand. Votre partenaire voit clairement son avantage à participer au projet et s'implique naturellement. Vous examinez la faisabilité de la chose de manière concrète. De quelles ressources avez-vous besoin? Un esprit de planification et d'engagement s'installe. Vous commencez à établir une structure qui permet de déceler les pannes possibles. Au fur et à mesure que se précise la réalisation de cette possibilité, tout ce qui manque pour sa réalisation apparaît. C'est parfait. Vous réglez les difficultés qui se présentent, les unes après les autres. Progressivement, vous voyez émerger l'engagement des participants. Quand cela se produit, vous êtes prêt pour l'étape suivante.

Le passage de cette conversation à la suivante peut prendre un certain temps: c'est normal car, à la prochaine étape, les participants doivent s'engager. Si une des conversations précédentes n'est pas bien ancrée, la progression vers la dernière en sera affectée. Cela peut prendre des mois, voire des années, selon les enjeux du projet.

Ainsi, lorsque les dirigeants du Cirque du Soleil[81] ont été approchés par un des Beatles pour un projet commun, il s'est écoulé plusieurs mois avant que les autres Beatles et Yoko Ono s'y engagent. Il y a eu beaucoup de rencontres qui ont permis aux dirigeants du Cirque du Soleil d'établir leur crédibilité (conversation engendrant la relation) face aux Beatles, qui en avaient vu d'autres, vous vous en doutez. Les gens du Cirque les ont invités à assister à un de leurs spectacles à Las Vegas, mais ça ne fonctionnait jamais, il y avait toujours un problème avec les disponibilités de tout un chacun. Un jour, Paul McCartney, George Harrison (encore vivant à l'époque), Ringo Starr et Yoko Ono (la veuve de John Lennon) ont assisté incognito à une représentation du spectacle *O*. Ils ont immédiatement été séduits par la qualité du travail artistique des employés du Cirque et ont donné le feu vert à l'élaboration du spectacle *Love*. Mine de rien, tout le temps consacré à organiser leur présence à un spectacle a permis aux protagonistes de faire connaissance et d'enrichir les conversations qui ont mené à un engagement et à l'entière satisfaction des Beatles.

Conversation engendrant l'action

Action égale demandes et promesses. Soyez attentif aux critères de satisfaction ou aux besoins et à l'échéancier. Chaque participant s'engage à assumer la responsabilité de la réalisation et à renégocier les changements. À cette étape, il est très important que chaque personne sache exactement ce qu'elle fera et ce que les autres feront. Les demandes et promesses sont consignées dans un registre tenu à jour. C'est votre outil de gestion du projet. Tous les changements y sont minutieusement consignés et accessibles à tous. À ce stade, il est également très important de soulever tout doute quant à la réalisation d'une demande ou d'une promesse. Si quelqu'un s'engage et que vous n'êtes pas certain de pouvoir vous tenir garant de

81. Le Cirque du Soleil est une compagnie de nouveau cirque fondée en 1984 par Guy Laliberté et Daniel Gauthier, dont le siège social international est situé dans le quartier Saint-Michel à Montréal (Québec, Canada).

sa promesse, dites-le. Exprimez vos doutes immédiatement et devant tout le monde. La personne qui s'est engagée aura l'occasion soit de les dissiper, soit de les confirmer et de trouver une autre personne pour la remplacer.

Plus vous serez rigoureux à ce stade, mieux les choses se passeront et plus les gens vous donneront l'heure juste au lieu de simplement vous faire plaisir. Fiez-vous à votre intuition. Le fait de mentionner votre doute permettra à la personne qui s'est engagée de clarifier sa position et de confirmer son engagement. Certains disent oui à la réalisation d'une étape du projet pour faire plaisir, d'autres pour bien paraître, par esprit de sacrifice ou par habitude d'obéir à l'autorité. Toutes ces raisons ne tiendront pas le coup face aux difficultés qui se présenteront. Allongez vos antennes et écoutez. Il vaut mieux faire face immédiatement aux malaises que d'entendre des excuses plus tard. Cela vous évitera d'avoir des remords, de vous dire que vous l'aviez pressenti et que vous regrettez de ne pas être intervenu.

Avec le temps, les engagements seront sincères et vous n'aurez presque plus à intervenir. Les gens vous apprécieront pour votre clarté et votre rigueur. Dans la mesure où cette dernière est motivée par votre engagement envers la réussite des gens autour de vous, vous pouvez tout dire et tout exiger. Ils entendront votre engagement envers leur succès. Vous ne pouvez pas faire d'erreur lorsque vous êtes motivé par le succès de l'autre. Alors, osez, demandez, promettez, testez. Tous vous en sauront gré et se bousculeront pour faire partie de votre équipe. Vous attirerez ceux qui veulent se surpasser, être à leur meilleur.

Conversation engendrant la réalisation

Je divise cette conversation en deux étapes. La première s'utilise en cours de projet afin que tous les participants aient la même vue d'ensemble de son évolution. La seconde permet aux équipiers de retirer tous les apprentissages du projet et d'en tourner la page, prêts pour d'autres initiatives.

En cours de projet

Vous êtes en route vers la réalisation de votre projet. Pendant le parcours, vous devrez faire le point en utilisant les différents actes de parole. Entraînez votre oreille à les distinguer. Au début du projet, vous voyez certains événements comme possibles mais, au fur et à mesure que vous avancez dans la réalisation, d'autres aspects du projet apparaissent. Ce qui était pertinent au début ne l'est peut-être plus en cours de route. Il est donc important de se réunir pour savoir où tout le monde en est et pour ajuster le tir au besoin.

Notez que réunir signifie s'unir à nouveau. Au moment du lancement d'un projet par une équipe, tous se sont unis vers un objectif commun et chacun est parti de son côté pour accomplir ses engagements. Ce faisant, les membres d'une équipe perdent rapidement la vue d'ensemble du déroulement des actions des autres. La réunion permet donc de faire le point, de voir où chacun en est face à ses engagements et de s'unir à nouveau pour faire progresser le projet. Voici un questionnaire avec son mode d'emploi qui vous aidera à encadrer ces réunions:

1. Qu'est-ce qui a été réalisé?
2. Qu'est-ce qui n'a pas été réalisé?
3. Qu'est-ce qui a fonctionné?
4. Qu'est-ce qui n'a pas fonctionné?
5. Qu'est-ce qui manque?
6. Quelles sont les priorités?
7. Quelles sont les prochaines actions?

J'appelle aussi ce questionnaire «ménage d'équipe». Vous faites le ménage de votre environnement physique. Pourquoi ne pas le faire de votre environnement relationnel? Plutôt que de balayer les conversations difficiles sous le tapis, vous pouvez les tenir grâce à ce questionnaire. Il y aura moins de poussière dans l'air et tout le monde pourra mieux respirer. Celui-ci permet d'abord que tous partagent les mêmes informations et s'entendent sur chaque question.

Lorsque vous entendez des affirmations, demandez aux participants de les soutenir. Que s'est-il passé qui les amène à formuler leur affirmation? Ensuite, chacun aura l'occasion de s'exprimer face au déroulement du projet dans un cadre de sécurité émotionnelle qui élimine tout blâme ou tout coupable. Cela est très, très précieux, car les membres de l'équipe n'ont pas besoin de consacrer leur énergie à se protéger et peuvent parler franchement. Le temps habituellement passé à se critiquer ou à se défendre sera investi dans l'avancement du projet. N'est-ce pas merveilleux?

Vous aurez l'occasion de souligner les bons et les mauvais coups. Les premiers ne sont pas mieux que les seconds. Nous apprenons autant, sinon plus, de nos erreurs. Il ne s'agit pas de les éviter mais, au contraire, d'en tirer le meilleur parti possible. Les pannes vous permettent de voir ce qui manque pour réaliser le projet. Elles sont utiles; ne vous en privez pas. Je vous encourage même à les provoquer, à les célébrer et à vous réjouir quand elles se présenteront. Elles sont une source inestimable de possibilités et vous indiquent le chemin à suivre vers la réalisation de votre projet.

Mode d'emploi du questionnaire

Traitez de préférence une seule question à la fois et dans l'ordre établi. Si, pendant la première question, vous pensez à des éléments se rapportant à la deuxième, gardez-les pour la question 2, et ainsi de suite.

1. *Qu'est-ce qui a été réalisé?*

Il est très important de fêter d'abord les bons coups et de nous en féliciter. Alors que nous voyons souvent tout ce qu'il y a à faire, nous oublions tout ce que nous avons déjà fait. Cette façon de procéder donne de l'énergie au groupe dès le départ et permet d'inclure des résultats tangibles et d'autres qui le sont moins. Une fois la première question bien traitée, vous la laissez ouverte pour y revenir au fur et à mesure que vous avancez dans le questionnaire et que d'autres réalisations vous viennent à l'esprit. Faites la même chose pour toutes les questions, en laissant des espaces entre vos notes, de façon à pouvoir y ajouter les idées qui viendront en cours de route.

2. Qu'est-ce qui n'a pas été réalisé?

Il est essentiel de vous abstenir de toute explication ou justification. Vous vous contentez de mentionner ce que vous avez dit que vous alliez faire et que vous n'avez pas fait. Point. Le but ici est de ne rien balayer sous le tapis en espérant que personne ne le remarquera. La tentation de vous justifier sera énorme. Sachez y résister. Apprenez à affirmer sans justifier pour vous excuser. Il faut savoir distinguer entre vous justifier pour simplement bien paraître et ancrer votre affirmation dans la réalité pour que les autres comprennent d'où vient l'affirmation, ce que vous ferez aux questions 4 et 5. N'oubliez pas que les gens «entendent» si vous voulez vous défendre (vous justifier) ou si vous voulez défendre (ancrer) votre idée. Quelle différence! Rappelez-vous que le fait d'avoir réalisé ou non quelque chose n'est pas en soi porteur de sens, il a celui que vous lui donnez.

Par exemple, nous avons dit que nous ferions un chiffre d'affaires de 100 000 $ le mois dernier, mais nous n'avons fait que 75 000 $. Sans rien ajouter d'autre, sans justifier pourquoi. La tentation sera forte de le faire et de chercher des solutions pour corriger la situation. Vous aurez l'occasion plus loin dans le questionnaire d'examiner des pistes de solutions. En apprenant à dire ce qui n'a pas été fait sans justifier pourquoi, l'atmosphère s'en trouvera allégée et les participants seront plus à l'aise de dire ce qui n'a pas été fait sans se sentir coupables ou critiqués. Rappelez-vous que la culpabilité est un sentiment éprouvé par un enfant impuissant et non par un adulte libre d'agir. Trouvez une façon de vous défaire de ce sentiment s'il vous afflige et encouragez vos partenaires à en faire autant; votre qualité de vie et celle de vos proches s'en trouveront grandement améliorées.

3. *Qu'est-ce qui fonctionne?*

C'est l'occasion de parler des pratiques qui facilitent le travail d'équipe. Vous pouvez ici reconnaître ce que vous avez convenu de faire à la réunion précédente et qui fonctionne. C'est important de reconnaître ce qui a facilité l'évolution d'un projet, de le préciser et de le reproduire. C'est aussi une excellente occasion de donner le crédit à ceux qui ont mis au point de bonnes pratiques de travail. Pour suivre l'exemple précédent, vous pouvez dire que ce qui fonctionne est la motivation des membres de l'équipe de vente qui ne lésinent pas sur les moyens pour atteindre l'objectif de vente.

4. *Qu'est-ce qui n'a pas fonctionné?*

Comme à la question 2, vous vous contentez d'énumérer ce qui n'a pas fonctionné sans expliquer ou justifier pourquoi. Encore une fois, il est important de distinguer entre vous justifier, en vous protégeant face à ce qui ne fonctionne pas, et ancrer votre affirmation dans la réalité. Dès que vous donnez une raison pour vous protéger, un réflexe très légitime, vous n'êtes pas présent à ce qui ne fonctionne pas. Ici, vous pouvez dire que le fait que les vendeurs sont obligés de faire des semaines de soixante heures ne fonctionne pas, sans chercher à justifier pourquoi ils le font. C'est une bonne façon de débrancher le pilote automatique qui veut fournir des excuses. Lorsque vous pouvez y arriver, ce qui est très difficile je le reconnais, vous pouvez mieux voir ce qui manque afin de corriger la situation.

5. *Qu'est-ce qui manque?*

Vous avez enfin l'occasion tant attendue de vous lancer sur des pistes de solutions pour corriger ce qui n'a pas été réalisé ou ce qui n'a pas fonctionné. Ici, vous pouvez reprendre des éléments des questions 2 (pas réalisé) et 4 (pas fonctionné) et chercher ce qui manque pour faire progresser les choses. Cette question vous sortira de votre réflexe de trouver des coupables ou des excuses lorsque les étapes de vos projets ne sont pas réalisées. Chercher des coupables vous maintient dans le passé où il n'y a rien de nouveau. Cette question élimine en outre l'automatisme si fréquent du blâme. Alors, plutôt que de chercher la personne responsable de ce qui ne fonctionne pas ou n'a pas été réalisé, vous cherchez ce qui manque pour corriger la situation ou arriver à réaliser votre objectif. Cela vous maintient dans le présent. Qu'est-ce qui manque maintenant pour faire avancer le projet? En général, il manque une conversation où une personne demande à une autre de lui promettre de faire quelque chose.

Ce qui a manqué pour atteindre l'objectif d'un chiffre d'affaires de 100 000 $, c'est peut-être une formation afin que les vendeurs connaissent mieux leurs produits. Ou encore, une nouvelle répartition des territoires, ce qui aurait libéré les vendeurs surchargés. À cette étape, vous cherchez quelque chose que vous n'avez pas et qui permettrait de faire avancer votre projet. Supposons que vous déterminiez que les vendeurs manquent de formation. Vous demandez à la personne responsable de la formation d'en organiser une. Vous vous donnez trois mois pour remédier à la situation après avoir considéré que leur formation puisse être complétée à l'intérieur de cette période de temps. Les trois mois écoulés, vous évaluez les résultats obtenus.

Si vous n'êtes pas satisfait, reprenez les questions précédentes et cherchez à nouveau ce qui manque. Cela vous dirigera vers des solutions et vous évitera de blâmer ou de trouver des coupables. Dans une réunion, dès que vous cherchez des coupables, vous envoyez un signal clair à tous les gens présents qu'il n'est pas permis de faire des erreurs et que s'ils en font, ils seront blâmés. Devinez ce qui se passe ensuite? Les membres de l'équipe s'assureront de protéger leurs arrières. Ils ne prendront pas trop de risques, car s'ils échouent, ils seront critiqués. Vous pouvez être certain d'avoir des réunions très calmes, car personne n'osera parler. La créativité vient de s'envoler et les résultats seront ordinaires, dans le meilleur des cas.

6. *Quelles sont les priorités ?*

Vous êtes maintenant en mesure de réfléchir aux priorités à la lumière des informations précédentes. Au début d'un projet, vous vous fixez des étapes à franchir. Il se peut qu'en cours de route vous réalisiez que certaines ne sont plus pertinentes et que de nouvelles émergent. C'est l'occasion de reconnaître que vous avez changé d'idée. Vous vous entendez, en équipe, pour annuler les étapes inutiles. Vous vérifiez si tout le monde est d'accord avec cette décision. Cela s'appelle planifier dans l'action. Vous vous adaptez, au fur et à mesure, aux changements qui surviennent et vous pouvez changer de cap. L'essentiel est de le dire, de s'assurer que tous les membres de l'équipe acceptent ce changement, ce qui évite de faire une chose considérée comme inutile par tous. C'est le genre de scénario dont vous ne devez cependant pas abuser, sinon votre crédibilité peut en prendre un coup.

Ici, encore une fois, l'intention qui sous-tend l'action fait toute la différence. Lorsque vous voulez sauver la face, les gens le sentent. Et si vous êtes sincère, ils y sont sensibles. Une fine ligne sépare le fait de changer d'idée pour avoir la vie facile, pour éviter la difficulté, parce que l'obstacle semble trop gros à surmonter, et changer d'idée parce qu'elle ne fonctionne pas, qu'elle ne vous permettra pas d'atteindre vos buts.

7. *Quelles sont les prochaines actions ?*

Une action est une demande ou une promesse. Qui doit demander quoi, à qui et pour quand afin d'obtenir ce qui manque ? Cette étape est critique. Chaque demande, chaque promesse doit être notée par la personne qui dirige le questionnaire. La qualité du suivi des demandes et des promesses est déterminante pour le climat de l'équipe. Élaborez un système pour tenir compte des engagements de chacun et auquel tous pourront se reporter. En ayant une vue d'ensemble des demandes et des promesses, chaque participant du projet peut en suivre l'évolution et intervenir si son succès est menacé. Impossible de se retrancher derrière : «Je ne savais pas ce que les autres faisaient.» S'il n'y a pas de compte rendu de ce qui s'est passé à la suite des demandes et des promesses faites, les membres de l'équipe perdront la vue d'ensemble, se demanderont où en sont les autres et seront moins efficaces.

Voici une façon de mener un projet avec dynamisme et plaisir. Cette manière de procéder anime les réunions et motive les participants. Il n'y a pas de blâme ni de coupable. Vous reconnaissez seulement ce qui s'est passé, vous corrigez selon les prévisions, le cas échéant, et vous repartez vers l'objectif fixé. Vous faites le ménage dans les relations régulièrement et vous réglez les difficultés au fur et à mesure qu'elles se présentent.

À la fin du projet

Votre projet est terminé. C'est le moment de ramasser tout ce qui traîne. Certains peuvent être très satisfaits, d'autres pas. Afin d'assurer que toutes les boucles sont bouclées, utilisez le questionnaire précédent en changeant les questions 5 et 6 par celles-ci:

5. Qu'avez-vous appris et retenu de ce projet?
6. Qu'avez-vous besoin de dire pour conclure ce projet?

La réalisation établit une relation de liberté et de pouvoir face au travail accompli, elle constitue une ouverture sur l'avenir. Afin d'être vraiment nourri par celle-ci, d'en être vraiment satisfait et comblé, il importe de faire une pause et d'apprécier le travail accompli.

Je vois souvent des gens qui réalisent des projets de grande envergure dont ils ne sont même pas fiers. Ils passent automatiquement d'un projet à l'autre sans vraiment prendre le temps de goûter à leur satisfaction personnelle. Il n'est pas étonnant qu'il y ait autant d'épuisement professionnel. Si nous ne sommes pas nourris émotivement par la réalisation d'un projet, nous donnons de l'énergie sans en recevoir. À ce rythme-là, nous pouvons nous retrouver rapidement vidés.

5. *Qu'avez-vous appris et retenu de ce projet?*

Ici, vous pouvez mesurer le chemin parcouru et l'apprentissage réalisé. Vous pouvez nommer vos acquis et vous en servir comme base à partir de laquelle créer de nouveaux projets. Chacun peut y aller de ses interprétations ou affirmations sans devoir les étayer. Vous pouvez aussi découvrir d'autres projets en cours qui pourraient bénéficier de votre apprentissage.

6. *Qu'avez-vous besoin de dire pour conclure ce projet?*

C'est le moment idéal pour remercier et reconnaître les efforts de chacun. Vous pouvez donner votre opinion en toute liberté, sans aucune obligation de l'ancrer. À la fin, lorsque tout est dit, vous déclarez le projet terminé.

Ces conversations sont devenues pour moi une seconde nature. Au moment de rencontres importantes, je les prépare en détail; toutefois, la plupart du temps, elles coulent automatiquement. Je peaufine particulièrement la première: la conversation qui engendre la relation.

Si vous trouvez cette méthode trop compliquée, retenez seulement l'importance d'établir un rapport solide avec votre interlocuteur, il vous ouvrira une multitude de portes. Vous constaterez peut-être, après coup, que vous avez traversé toutes les conversations sans vous en rendre compte. C'est l'idéal. Si vous écoutez vraiment, vous saurez naturellement à quel moment passer de l'une à l'autre. Établissez la relation, écoutez et le reste coulera de source. Il en va de même pour le questionnaire. Écoutez et vous saurez apporter la rigueur qu'il commande. Il vous donnera un cadre qui dynamisera vos réunions.

Les actes de parole et les réunions

Il existe une abondante littérature sur la manière de mener des réunions. Je me contenterai d'aborder cette activité sous l'éclairage des actes de parole. Vu sous cet angle, une réunion est un lieu où les participants s'engagent et se rendent mutuellement des comptes. La notion de demander à quelqu'un de rendre des comptes est largement incomprise et mal utilisée. La plupart des gens s'en tiennent éloignés et se retranchent derrière la critique ou la retenue d'informations. Demander à quelqu'un de rendre des comptes exige une communication responsable, franche et directe. Cela demande beaucoup de doigté, je ne le dirai jamais assez, étant donné la personnalité de certains individus. Si, dans une réunion, vous devez remettre quelqu'un à sa place, il y a un problème majeur au sein de votre entreprise, car ce n'est pas normal d'être entouré de partenaires qui ne savent pas communiquer de manière responsable. Mais si vous n'en êtes pas encore là, il faut avoir le courage de remettre certaines personnes à leur place, car c'est essentiel au bon déroulement de la réunion.

Pendant la réunion, soyez attentif aux conversations d'arrière-plan et soyez prêt à les ramener à l'avant-plan si elles entravent sa progression. Lorsqu'un projet est lancé, les participants s'engagent en se demandant et en se promettant mutuellement d'exécuter certaines tâches. Après un certain temps, ils doivent se réunir, s'unir à nouveau, pour avoir une vue d'ensemble du résultat des engagements de chacun, afin d'en être responsables. Les autres participants ont-ils tenu parole ? C'est ça la question centrale, la plus importante, d'une réunion. S'ils ont tenu parole, merveilleux, l'équipe progresse tel que prévu. S'ils n'ont pas tenu parole, que vont-ils faire pour y arriver ? Une fois l'information partagée, les participants repartent avec comme but des résultats à produire. Après un certain temps, ils perdent la vue d'ensemble des actions des autres et se réunissent à nouveau pour faire le point. Une réunion réussie stimule les gens qui ont hâte de passer à l'action.

Dans toutes les entreprises où j'ai fait de la formation, les gens se plaignaient du fait que leurs réunions étaient souvent inutiles et démotivantes. Plusieurs savaient comment faire, avaient suivi des formations, mais n'avaient jamais obtenu de vrais résultats.

Dans une réunion, il s'agit de coordonner les demandes, les promesses et les affirmations, en bref, les engagements, que les membres d'une équipe se font entre eux en cours de projet. S'il est dangereux dans un groupe de s'engager et, surtout, de demander de rendre des comptes, la réunion sera pénible, démotivante et tous chercheront à l'éviter, ce dont on ne peut les blâmer.

Si vous êtes un dirigeant et que vous avez ce genre de réunion, je répète qu'il s'agit d'un problème majeur, car vous acceptez de travailler avec des gens qui vous nuisent ainsi qu'à leurs collègues. Plus un climat de sécurité émotionnelle règne au sein d'une équipe dans une réunion, plus la bonne information circule. Sinon, les gens la retiennent par peur des réactions des autres à leur égard. Plus vous avez la bonne information, plus vous êtes efficace et plus vous avez de plaisir à travailler ensemble.

La fréquence des mises au point varie selon la complexité du projet. Il se peut aussi qu'il faille d'abord organiser de plus petites réunions pour obtenir l'assentiment d'un groupe avant de présenter l'évolution de votre partie au reste des membres de l'équipe. Alors, je vous propose une façon de préparer et de mener vos réunions en utilisant les actes de langage. Je vous rappelle que l'efficacité de tout modèle est fonction de l'intention de l'utilisateur de s'en servir pour être appuyé dans l'atteinte de ses objectifs.

La préparation de la réunion

J'aime beaucoup l'approche de Ricardo Semler qui pratique une démocratie très avancée au sein de son entreprise de plus de trois mille employés. Voici ce qu'il recommande :

- Commencez à l'heure ;
- Dès le début, prévoyez l'heure de fin ;
- Présentez les points à aborder devant tout le monde ;
- Déléguez les tâches qui prendraient trop de temps à être discutées ;

- Ne passez pas plus de deux heures pour une réunion;
- N'acceptez pas les interruptions. Seule exception: un problème avec un client;
- Préférez alors les appels téléphoniques ou une discussion informelle[82].

Il préconise aussi de laisser les gens aller et venir à leur guise. La personne qui dirige la réunion la démarre à l'heure. Ceux qui y participent arrivent et partent à leur convenance, reviennent un moment, repartent et ainsi de suite. Il considère que si un employé juge qu'il a quelque chose de plus important à faire que d'assister à la réunion, c'est ce qu'il devrait faire. Il voit aussi que les présences à une réunion est un signe évident de l'intérêt des employés envers le sujet traité. Ils votent par leur présence. Ainsi, lorsque peu de gens (ou personne) se présentent à une réunion qu'il a convoquée, il oublie le sujet. Il a compris qu'obliger les employés à agir contre leur gré est totalement inutile.

Donc, pour préparer votre réunion, précisez vos intentions au sujet de celle-ci et des personnes qui y seront présentes. Quelles conversations devriez-vous avoir pour assurer le succès de la rencontre? Prenons le cas où vous avez convoqué la réunion. C'est essentiel qu'*une* seule personne en soit responsable et ce n'est pas nécessairement vous. Ensuite, une personne désignée rassemble les informations nécessaires, informe les gens de l'heure de la réunion et leur soumet l'ordre du jour. Cette personne mentionne à côté de chaque sujet proposé le temps accordé pour en parler. Elle indique également s'il s'agit d'une décision à prendre, si le point est à discuter ou s'il est simplement présenté à titre d'information. Si les gens convoqués doivent se préparer pour discuter d'un élément à l'ordre du jour, il faut les prévenir à temps, sinon ils seront contrariés, peu créatifs et leur mauvaise humeur sera contagieuse.

---

82. Pour le lecteur intéressé par son approche, consulter cet excellent article qui résume bien sa philosophie de gestion: http://esprit-riche.com/esprit-riche-a-lu-the-seven-day-week-end/.

Il est en outre très utile de dévoiler l'objectif que vous vous êtes fixé pour la réunion. Cela peut être, par exemple, de trouver une solution à une panne ou de rallier les gens à un projet. Ainsi, vous aurez cette intention qui vous guidera pendant la réunion et qui dirigera toutes les discussions. Dès qu'une personne en déroge, vous pouvez la ramener dans la direction choisie (demande) et celle-ci peut vous assurer de sa collaboration (promesse) pour suivre l'ordre du jour. Les participants apprécient toujours quand le meneur de jeu joue son rôle, tout en laissant, bien sûr, une certaine place à la créativité et à l'improvisation.

Le déroulement de la réunion

Le responsable déclare l'ouverture de la réunion. Il procède ensuite à l'adoption de l'ordre du jour ou des points à discuter. Si le temps alloué est dépassé, il le reconnaît et demande aux personnes présentes si elles sont d'accord pour se donner davantage de temps pour aller au fond de la question ou si elles préfèrent la reporter à la réunion suivante.

Pour faire avancer un dossier pendant une réunion, vous pouvez utiliser un abrégé du questionnaire précédent avec les trois questions suivantes :

1. Quels sont les faits reliés à ce dossier ?

Le but recherché est que tout le monde partage les mêmes informations. Au cours d'un mandat de rapprochement patronal et syndical, un directeur m'a avoué que lorsque les membres de la direction et les délégués syndicaux partagent la même information, ils en arrivent souvent aux mêmes conclusions. Dites-vous que cela est dans votre intérêt de donner toute l'information que vous détenez. Elle pourrait stimuler les bonnes idées des autres. Ne progressez vers la prochaine étape que lorsque vous êtes certain que tous s'entendent sur les faits.

2. Qu'est-ce qui manque pour faire progresser ce dossier?

Cette question est traitée de la même manière que dans le questionnaire précédent (voir à la page 160).

3. Quelles demandes ou promesses devraient être formulées?

Reportez-vous également au questionnaire précédent (voir à la page 162).

Voici quelques règles de base qui contribuent à la réussite d'une réunion:

- Un climat sécuritaire où chaque personne peut parler franchement;
- L'animateur prépare un ordre du jour clair avec mention: pour discussion, information ou décision;
- L'animateur fixe une intention stratégique au début;
- L'animateur nomme un secrétaire ou un modérateur;
- Sont présentes[83] les personnes concernées par les points à l'ordre du jour;
- Chaque personne parle avec l'intention de faire avancer les choses;
- L'animateur dirige la réunion;
- À la fin de la réunion, l'animateur résume les promesses faites;
- L'animateur fait un suivi rigoureux des demandes et des promesses avec un compte rendu des résultats à la réunion suivante.

83. N'hésitez pas à faire participer des gens pour une période de temps limitée ou à offrir à tous les employés d'assister à titre de spectateurs à certaines réunions stratégiques.

Un modèle d'ordre du jour

Au début, la rubrique Demandes/promesses est vide ; elle se remplit au fur et à mesure de l'évolution de la réunion ; voici un exemple :

N^o	Sujet	Durée	Info	Décision	Discussion	Demandes/promesses
1	Projet stagiaire	5 min	X			
2	Appel d'offres	20 min		X		Louis confirme pour le 12 mars.

Le meilleur modèle est encore celui qui vous est inspiré par votre engagement à tenir des réunions dynamiques. En tant qu'animateur, vous pouvez, par exemple, promettre aux personnes présentes que la réunion sera dynamique et stimulante. À la fin de celle-ci, demandez aux participants de vous évaluer. La meilleure façon d'obtenir l'engagement des autres, c'est en vous engageant vous-même. Vous voulez que les autres soient responsables ? Commencez par l'être vous-même. Si vous doutez de l'effet d'un commentaire que vous aimeriez faire à propos d'une personne présente, abstenez-vous, taisez-vous. Réglez plus tard vos affaires en privé avec la personne concernée, bien qu'il faille le faire, dans certaines circonstances, pendant la réunion.

Je répète que si vous devez le faire, vous avez une panne majeure dans votre équipe, car ces personnes sapent l'énergie du groupe. Vous devez intervenir rapidement après la réunion pour régler cette situation. En attendant, vous êtes en réunion, vous devez procéder ; vous taire n'est pas une solution, car ce seront les autres participants qui vous en voudront de ne pas intervenir auprès de cette personne. Cela demande du doigté et plus vous serez sincère dans vos commentaires, moins vous risquez d'envoyer un message aux autres présents que cela pourrait leur arriver un jour. Sinon, vous pouvez être certain que ces gens se méfieront de vous et vous n'aurez plus jamais l'heure juste de leur part s'ils sentent que votre intervention sert vos intérêts plutôt que ceux du groupe. Ils vous diront ce qu'ils pensent que vous voulez entendre et ce qui est sans danger pour eux. Les vraies choses se diront de façon informelle, dans votre dos, et vous n'aurez aucune chance d'intervenir pour les corriger si nécessaire. Le commérage, la gérance d'estrade et le jeu du blâme prendront le pas sur la transparence et la créativité. Vous devrez donc doser la pertinence de vos interventions. Si, après coup, vous réalisez avoir réduit le climat de sécurité, vous pourrez toujours vous reprendre et vous expliquer à la prochaine réunion.

Par contre, apprenez à reconnaître vos partenaires publiquement. Soyez précis, donnez des détails du genre: «J'ai bien aimé ta nouvelle présentation du rapport des ventes, avec les appels de notes et l'analyse des données à la fin.» La reconnaissance doit être sincère, vous vous en doutez maintenant. C'est bien de reconnaître les gens individuellement, mais le faire en public crée pour les autres une écoute favorable de cette personne, sans compter qu'elle en retire elle-même un grand plaisir. Dressez une liste de gens que vous aimeriez reconnaître et passez à l'action. Plusieurs salles de conférence sont équipées d'outils technologiques qui facilitent les communications. Il y a un grand confort matériel, mais souvent zéro confort relationnel. Les participants doivent se protéger d'attaques éventuelles de la part des autres participants, ce qui détruit toute communication efficace, en dépit du bel équipement. Ajoutez au confort technologique le confort affectif.

Voici en résumé une réunion qui favorisera la mise en place de l'action:

- Convocation de la réunion (demande);
- Affirmation d'une panne ou d'un avancement;
- Ordre du jour;
- Règles établies pour l'efficacité de la réunion (demandes);
- Conversations engendrant l'action de la part des participants;
- Plaintes engendrant l'action (demandes/promesses).

Une mise au point concernant le dernier point: d'habitude, les plaintes dégénèrent en commérage, car les gens pensent qu'ils n'ont pas le pouvoir de changer la situation. Considérez le commérage comme un symptôme dans votre entreprise que les gens obéissent au lieu de penser. Vous voulez l'interrompre? Renoncez à contrôler vos collaborateurs et donnez-leur la latitude d'agir en toute liberté. Les gens qui commèrent s'imprègnent de supériorité sur la personne ou sur la situation dont ils se plaignent. Une plainte est toujours le résultat d'une interprétation que les choses «devraient» être autrement que ce qu'elles sont. Ces personnes se retranchent derrière leurs opinions et se cherchent des complices plutôt que des solutions. Cela les réconforte de penser que leur point de vue est vrai; après tout, plusieurs personnes pensent la même chose. Elles se bercent d'illusions et entraînent d'autres à en faire autant. Leur discours ressemble à ceci:

- «Je, X, déclare que l'Univers est divisé en idiots et en non-idiots.
- Je déclare aussi que Y appartient aux idiots maintenant et pour toujours.
- Je déclare que les idiots sont de mauvaises personnes.
- Je demande que vous soyez d'accord avec moi que Y est un idiot, que c'est mal d'être un idiot et que j'ai raison.
- J'affirme aussi que je ne suis pas un idiot et que vous n'en êtes pas un si vous êtes d'accord avec moi.»

Quand vous écoutez une personne se plaindre sans l'arrêter, vous consentez au fait que ce genre de communication est acceptable pour vous. C'est l'équivalent de dire: «Je ne compte pas, je ne suis pas important, je ne peux pas faire la différence.» Ce qui rend la chose difficile est de nous dire que ce n'est pas grave, que ça peut quand même aller, que nous pouvons vivre avec la situation après tout. C'est cette attitude complaisante qui maintient la plainte en place et qui nous empêche d'agir pour la résoudre.

À l'avenir, lorsque vous entendrez des gens se plaindre, écoutez l'engagement sous leur plainte. Quelles demandes pourraient-ils faire pour régler l'objet de leur plainte? Aidez-les à sortir de leur mode d'impuissance, pour ne pas dire de victimes, face à la situation qui les dérange et encouragez-les à oser demander. Vous verrez la nature des conversations changer autour de vous. Vous entendrez beaucoup moins de plaintes. Un effet secondaire très stimulant de cette pratique, mais qui peut aussi être gênant à l'occasion, est que les gens vous rendront la pareille. Lorsque vous vous sentirez impuissant face à une situation et que vous vous plaindrez sans vous en rendre compte, vos proches vous rappelleront de demander à votre tour pour corriger la situation. Le soutien mutuel peut parfois être dérangeant, car nous aimons bien à l'occasion nous apitoyer sur notre sort ou nous sentir impuissants. Mais lorsque nous sommes engagés à rester éveillés, un tel soutien n'a pas de prix. Aussi, quand vous faites face à une situation qui ne progresse pas, posez-vous à nouveau les questions suivantes.

1. Quels sont les faits? Qu'est-ce qui s'est produit? Qui a dit quoi et quand? Réponse: Jean est entré dans mon bureau en disant qu'il en avait assez des retards de la production, que cela lui occasionnait toutes sortes d'ennuis d'approvisionnement.
2. Qu'est-ce qui manque pour faire avancer les choses? Réponse: Une réunion avec les gens de la production et du service de Jean pour déterminer la cause des retards et trouver une solution.
3. Que dois-je demander à qui et quel délai dois-je préciser? Réponse: Demander à Jean et au responsable de la production de fixer une date de rencontre ayant pour objectif de régler le problème d'approvisionnement et de vous faire part de la solution.

Vous pouvez aussi vous inspirer de la formule suivante:

- J'affirme qu'il y a panne ou qu'une panne est sur le point de se produire.
- J'affirme mon engagement.

- J'affirme que les actions suivantes doivent se produire (nommer les actions).
- Je demande/promets (formuler les demandes ou les promesses).

Rappelez-vous un des éléments essentiels pour être écouté ou aider quelqu'un: renoncez à lui donner tort. Lorsqu'une situation vous gêne, allez voir la personne concernée, celle qui peut agir. Expliquez-lui la situation, mentionnez ce qui manque, à votre avis, et demandez ce dont vous avez besoin, sans critiquer. Vous serez étonné des résultats. Ainsi, lorsque des plaintes viennent à vos oreilles, demandez aux plaignants de répondre à ces trois questions et de revenir partager leurs réponses avec vous.

Avant de passer au prochain chapitre, je tiens à dire un mot au sujet des conseils d'administration (CA) d'organismes sans but lucratif. Mes commentaires s'adressent probablement à tous les types de conseils d'administration, mais la majorité des plaintes que j'entends concerne les premiers. Ces CA sont souvent composés de gens qui se connaissent et ont une cause commune à cœur. Il est donc facile dans ces groupes de confondre conversations de cocktail, ou parler pour parler, et conversations pour faire avancer un projet, ou parler pour agir. Cela peut être très difficile de demander à certains membres, qui sont aussi des amis ou de bonnes connaissances, de rendre des comptes, ce qu'on évite souvent dans une relation amicale. Il est donc important pour ce genre d'équipe de se donner des règles de fonctionnement.

Avant la réunion, vous avez des conversations amicales. Pendant la réunion, vous passez à un autre registre avec des conversations engendrant l'action en vous donnant mutuellement la permission de vous tenir responsables de votre parole et de ses effets sur les autres. Cela exige beaucoup de maturité et d'équilibre émotif au sein d'un groupe. C'est essentiel pour le bon fonctionnement du CA de distinguer le langage social de celui de l'action. Le niveau d'inconfort monte d'un cran entre les membres d'une équipe qui veulent produire des résultats. Leur engagement est nécessaire s'ils veulent surmonter les obstacles à la réalisation de leur promesse. Comme les promesses des uns dépendent de celles des autres, tenir parole devient primordial.

Dans un groupe, même si nos promesses ne dépendent pas de celles des autres, si nous tenons les nôtres en dépit des obstacles et que les autres ne tiennent pas les leurs, c'est démoralisant pour nous, car nous ne fonctionnons pas avec le même niveau d'engagement. En parlant selon les deux modes de communication (amical et engagé envers la production de résultats), la relation sera soutenue, sinon place aux contrariétés !

On a passé en revue quelques pistes à explorer pour dynamiser vos réunions grâce à des conversations stimulantes, efficaces et satisfaisantes. En les utilisant, je suis convaincue que vous éprouverez beaucoup plus de plaisir au cours de vos prochaines rencontres.

En résumé

Étapes de conversations d'un projet

1. La relation
   - Être conscient de nos interprétations limitantes ;
   - Avoir de l'empathie ;
   - Reconnaître et apprécier ;
   - Parler ouvertement.
2. La possibilité
3. La faisabilité
4. L'action
   - Demandes et promesses.

5. La réalisation
   - En cours de projet
     - Qu'est-ce qui a été réalisé?
     - Qu'est-ce qui n'a pas été réalisé?
     - Qu'est-ce qui a fonctionné?
     - Qu'est-ce qui n'a pas fonctionné?
     - Qu'est-ce qui manque?
     - Quelles sont les priorités?
     - Quelles sont les prochaines actions?
   - À la fin du projet
     - Qu'est-ce qui a été réalisé?
     - Qu'est-ce qui n'a pas été réalisé?
     - Qu'est-ce qui a fonctionné?
     - Qu'est-ce qui n'a pas fonctionné?
     - Qu'avez-vous appris et retenu de ce projet?
     - Qu'avez-vous besoin de dire pour conclure ce projet?

Le but d'une réunion est de permettre à des participants responsables et engagés de se rendre mutuellement compte de leurs engagements.

Chapitre 6

Ajouter un turbo à votre créativité

Nous avons vu au chapitre précédent comment utiliser les actes de parole au sein d'un groupe, les conversations à avoir pour faire progresser un projet et mener à bien une réunion. Ce chapitre s'adresse aux pionniers et aux pionnières et peut se faire avec de petits gestes; point n'est besoin d'actions d'éclat. Les grands changements sont faits d'une accumulation de petites modifications et du courage quotidien de gens ordinaires. Nous entrons dans la zone des surprises, de l'émerveillement, du dépassement de soi et du jeu qui en vaut la chandelle. La plupart des gens pensent que les percées arrivent par accident. Je rejette complètement cette idée. Oui, elles le peuvent, mais elles peuvent aussi être programmées, organisées et provoquées.

Voici comment les choses se passent lorsque les avancées arrivent par accident. Nous connaissons tous au moins une histoire étonnante de gens qui ont produit des résultats hors du commun. La plupart du temps, il s'agit d'une situation de crise ou d'urgence (incendie, catastrophe naturelle, etc.) qui pousse la personne à relever avec succès des défis formidables. Je regarde parfois une émission, *Phénomènes inexplicables*, où l'on raconte ce genre d'histoires qui me fascinent. J'observe attentivement ce qui se produit pour découvrir les éléments qui ont permis aux gens de se mesurer efficacement aux circonstances exceptionnelles. Je remarque qu'ils sont présents à 100 %, attentifs, concentrés, que tous leurs sens sont aux aguets. La recherche, minute après minute, pour trouver une solution remplace le jeu du blâme. L'urgence fait qu'ils ne peuvent se permettre le luxe de perdre du temps à chercher des coupables, ils doivent se consacrer à chercher une solution. Les gens sont alors beaucoup plus conscients de l'absurdité de la recherche d'un coupable.

Il s'agit, bien sûr, de situations extrêmes et nous ne pouvons pas vivre sous cette tension de manière constante. Cela démontre à quel point il est exigeant pour nous, les humains, d'être vraiment présents. Cela exige une énergie formidable. Si nous pouvions développer certaines facultés de présence et en faire une seconde nature, nous pourrions enfin nous servir du 90 % de notre cerveau[84] qui n'est soi-disant pas utilisé. Si nous pouvions amener au stade de seconde nature ces éléments qui permettent aux gens de produire des résultats imprévisibles dans des circonstances extrêmes, il me semble que d'autres possibilités s'ouvriraient pour l'humanité. Je m'appliquerai à relever ce défi dans ce chapitre : partager avec vous une manière d'être présent qui permet d'avoir une vie stimulante, agréable et satisfaisante. À force de pratiquer quotidiennement ou presque les éléments abordés ici, ma vie se bonifie d'année en année. Je me sens capable de faire face avec sérénité à toutes les surprises qu'elle me réserve.

J'aborde maintenant une façon de commander les avancées en stimulant notre créativité par la déclaration d'un projet « déraisonnable » qui nous sortira de notre zone de confort et nous mènera

---

84. Le fait que l'on utilise 10 % de notre cerveau vient d'expériences faites dans les années 1950 sur des cerveaux de rats. Les chercheurs ont constaté qu'ils pouvaient retirer jusqu'à 90 % de leur cerveau avant que ceux-ci montrent des signes évidents de difficulté à fonctionner.

vers de nouvelles avenues. Cette déclaration sera suivie de demandes et de promesses tout aussi déraisonnables, de sorte que tout le monde sera hors de sa zone de confort. Cela signifie des résultats exceptionnels à très court terme et exige en outre d'apprendre à bien ancrer nos affirmations en nous reportant à ce qui s'est passé.

Les demandes et les promesses déraisonnables, que je qualifierai de téméraires, osées ou audacieuses, vont engendrer toutes sortes de pannes. Il faudra donc acquérir une nouvelle manière d'approcher les problèmes. Une grande compétence en relations humaines permettra de nous assurer l'aide des autres sans lesquels un projet osé est impossible. Finalement, je passerai en revue certaines règles d'équipe pour conjuguer les efforts de tous.

La déclaration d'un projet osé...

... Ou l'art de se fixer des objectifs stimulants pour le plaisir. Nous nous fixons un objectif parce que nous avons une vision de l'avenir. Pour y arriver, nous devons trouver un équilibre sur la fine ligne de démarcation entre un objectif trop conservateur qui ne nous stimule pas assez et un objectif trop osé qui nous semble inaccessible et finit par nous démotiver. Cette ligne est fonction de notre tolérance au risque. Elle varie d'une personne à l'autre. Pour trouver un bon objectif, nous couchons plein d'idées sur le papier et nous retenons celle qui nous inspire, qui en vaut la peine et qui reflète nos valeurs. Plusieurs hésitent à s'engager envers un objectif de peur d'échouer ou d'avoir plus de travail. C'est très légitime de penser ainsi quand nous voulons changer les choses en partant du principe qu'elles ne sont pas comme elles devraient l'être.

Toutefois, si nous pouvons – je dis bien *si* nous pouvons, car c'est difficile – arriver à nous fixer un objectif juste pour le plaisir, la donne sera changée. Non pour mieux paraître, pour avoir raison, pour bien faire quelque chose, pour faire mieux que les autres ou pour survivre à l'épreuve qui nous afflige. Non, vraiment sans autre raison que de jouer un jeu qui en vaut la chandelle. Nous pouvons alors nous trouver dans un nouvel état d'esprit pour le seul plaisir d'évoluer, pour découvrir qui nous sommes face à l'obstacle. Cela suppose d'inclure la réussite et l'échec, l'un et l'autre n'ayant que le sens donné par l'observateur. Ce sera à nous de choisir celui que nous leur donnerons. Nous apprenons autant lors d'un échec que lors d'une réussite, ce qu'il est facile d'oublier en cours de route. J'aime bien le point de vue de Thomas Edison[85] sur le sujet:

> Thomas Edison échoua vingt-cinq mille fois avant de réussir à fabriquer sa première pile. À un journaliste qui lui demandait ce qu'il pensait de tant d'échecs successifs, il répondit: «Je ne sais pas pourquoi vous parlez d'échecs. À présent, je connais vingt-cinq mille façons de ne pas faire une pile. Pouvez-vous en dire autant?»
>
> Avant d'inventer l'ampoule électrique, il dû effectuer plus de deux mille essais infructueux. À un jeune reporter qui l'interrogeait sur ses impressions, il répliqua: «Non, je n'ai jamais échoué. J'ai inventé l'ampoule et il a fallu que je franchisse deux mille étapes, voilà tout!»

La conception du projet audacieux doit comprendre, aussi bien sur le plan professionnel que sur le plan personnel, les éléments suivants: faire participer les autres; suivre un échéancier; valoir la peine de prendre des risques; avoir un budget rigoureux envers lequel tous s'engagent. Tout cela afin d'obtenir des résultats qui constituent un avancement majeur et qui sont tangibles et mesurables.

---

85. Thomas Edison (1847-1931) est un inventeur américain. Parmi ses nombreuses inventions figurent notamment le télégraphe duplex (1864), le phonographe et le microtéléphone (1877), la lampe à incandescence (1878). Il a découvert l'émission d'électrons par un filament conducteur chauffé à haute température dans le vide (1883), à la base du fonctionnement des tubes électroniques. (Source: *Le Petit Larousse illustré 2007.*)

La première chose à faire est de vous féliciter d'avoir le courage de vous sortir de votre zone de confort. Peu de gens le font. Vous allez vous exposer à toutes sortes de problèmes que vous devrez régler et ce sera exigeant. Pourquoi? Parce que votre zone de confort est constituée des conversations que vous entretenez à votre sujet, au sujet des autres et des circonstances. En prenant des risques, vous devrez mettre ces conversations au défi, les examiner et fort probablement les éliminer et en inventer d'autres. Vous devrez être attentif, éveillé et savoir regarder au-delà de ce que vous savez. Cela ne demande pas plus de travail, mais plus de réflexion et de présence, et ça, c'est exigeant car on est presque toujours sur le pilote automatique.

Vous devrez apprendre à «surcommuniquer», à parler de votre objectif au plus grand nombre de gens possible et à partager les difficultés que vous éprouverez. Vous devrez sortir de votre monologue intérieur où il n'y a rien de neuf pour aller vers le dialogue où de nouvelles idées peuvent émerger en conversant avec les autres. Lorsque vous créez, vous établissez immédiatement un écart entre ce qui est et ce qui sera, donc une tension. La tendance est de préférer ce qui sera au profit de ce qui est, de donner tort aux choses telles qu'elles sont. Cela ne fait aucune différence. Ce qui fait la différence, par contre, est de reconnaître la situation telle qu'elle est et de chercher ce qui permettra de réduire le décalage. En prenant des risques, vous encouragez les autres à le faire et cela crée un climat très stimulant.

Par la suite, il s'agit d'adopter le comportement et l'attitude des chercheurs: être curieux. En principe – ici, je généralise –, les chercheurs ne reculent pas devant l'échec et même ils le souhaitent. D'ailleurs, les bons chercheurs savent que les échecs leur indiquent le chemin à suivre pour trouver ce qu'ils désirent. Il ne leur viendrait pas à l'idée, lorsqu'une expérience ne fonctionne pas, de se donner tort, de se culpabiliser et de blâmer les autres ou les circonstances. Certains le font, j'en suis certaine, mais ce ne sont pas les grands chercheurs de la trempe des Curie[86], par exemple. Ou alors, s'ils le font, cela ne dure pas très longtemps, ils se remettent rapidement au travail, car ils savent que cela ne les avance en rien de se décourager lorsqu'ils n'obtiennent pas les résultats voulus. Déclarez un projet osé et les pannes qui en découleront vous formeront à devenir la personne capable de le réaliser.

Donc, si vous voulez produire des résultats hors du commun, il est essentiel de vous fixer un objectif au-delà de votre zone de confort. Pourquoi? Parce que nous, les êtres humains, avons un très gros handicap: nous voyons en général ce que nous savons, ce que nous croyons, ce que nous pensons et non ce qui est. La seule façon d'arriver à se défaire de ce réflexe de voir à travers nos croyances, c'est de nous mettre en situation de risque. Quand vous le faites, vous devez savoir regarder au-delà de ce que vous savez, au-delà de vos filtres, car vos croyances ne vous sont plus utiles. Tous vos sens sont en alerte, vous élargissez votre champ de vision pour ainsi dire. Vous êtes alors dans une situation qui vous donne beaucoup de pouvoir. Avouer, déclarer que vous ne savez pas et le faire publiquement avec l'intention de trouver, ouvre de nouvelles avenues.

86. Marie Curie, née Sklodoska (1867-1934), est physicienne française d'origine polonaise. Arrivée à Paris en 1892, elle épouse Pierre Curie en 1895. Première femme titulaire d'une chaire à la Sorbonne, elle découvre la radioactivité du thorium, identifie avec son mari le polonium en 1898 et, avec A. Debierne, isole le radium en 1910. Prix Nobel de physique en 1903 et de chimie en 1911.

Pierre Curie (1859-1906) est physicien français. Il découvre avec son frère Jacques la piézoélectricité (1880); il étudie aussi le magnétisme des corps en fonction de la température et en déduit le «principe de symétrie» (1894): les éléments de symétrie des causes d'un phénomène physique doivent se retrouver dans les effets produits. Enfin, il s'est consacré, avec sa femme, à l'étude des phénomènes radioactifs. Prix Nobel de physique en 1903. (Source: *Le Petit Larousse illustré 2007.*)

Robert Lepage[87], metteur en scène québécois de réputation internationale, racontait qu'il s'occupait de la mise en scène d'un opéra en Italie. Un jour, les employés lui ont demandé comment il comptait résoudre un problème. Il leur a répondu qu'il ne savait pas. Les employés étaient sous le choc, estomaqués. Comment se pouvait-il que le maître n'ait pas la réponse ? Ce n'est que quelques jours plus tard, dans l'avion, que la réponse lui est venue. Plutôt que de consacrer son énergie à montrer la façade d'une personne qui a toutes les réponses sur-le-champ, alors qu'en réalité il ne sait pas, il s'est donné la liberté de laisser son esprit travailler inconsciemment à la solution. Cette approche est beaucoup plus reposante et productive.

En somme, fixez-vous un objectif avec l'intention de provoquer le plus de pannes, le plus vite possible et les plus grosses possible. Car plus les pannes ont de l'ampleur, plus vous augmenterez vos chances d'apprendre et d'évoluer. Considérez une crise comme une occasion de vous rapprocher de votre but. Commencez-vous à avoir le goût de jouer gros ?

Vivre au milieu des pannes et du chaos tout en restant présent requiert un certain savoir-être, vous vous en doutez. C'est une étape d'apprentissage ingrate, car elle demande beaucoup de patience, de compassion envers vous-même et de rigueur. La manière automatique de chercher à vous disculper et à trouver un coupable quand les choses ne vont pas bien ne peut pas fonctionner ici. Une première recommandation, si vous choisissez cette voie, est de vous assurer de conserver des zones de votre vie où vous êtes en sécurité. Par exemple, je prends beaucoup de risques sur le plan

87. Robert Lepage (1957) est acteur et auteur dramatique canadien. Il propose un théâtre très visuel, centré sur les mutations sociales et culturelles (*La trilogie des dragons, Les aiguilles et l'opium, La face cachée de la lune*). Au cinéma, il a notamment réalisé *Le confessionnal*. (Source : *Le Petit Larousse illustré 2007.*)

professionnel. Pour équilibrer le tout, j'aime vivre dans un environnement stable, tranquille, avec certaines routines. Cela me permet de me ressourcer pour faire face aux difficultés reliées à l'incertitude qui vient avec le risque. Je suis d'avis que prendre des risques sur tous les plans de sa vie peut être dangereux sur le plan émotif. Je dis bien «peut», car il arrive, au cours d'une crise majeure, de se retrouver dans ce genre de situation. Nous pouvons tenir un certain temps, mais à long terme, c'est trop exigeant. Alors, nous voulons tenir le coup longtemps, nous devons nous aménager des aires de repos. C'est aussi une excellente idée d'avoir un soutien extérieur (*coach*, mentor) à qui se confier sans contrainte et examiner les résultats obtenus.

Maintenant que vous avez votre projet osé, il doit être suivi de demandes et de promesses toutes aussi osées. Commençons par les demandes audacieuses.

Les demandes audacieuses

Vous avez établi un projet osé, vous vous êtes «mouillé» et vous devez maintenant produire des résultats. Vous ne pouvez pas y arriver seul, c'est clair, car votre projet est immense. Vous avez beaucoup exigé de vous en prenant des risques, il faut maintenant le faire avec les autres. La terreur, la manipulation, le chantage sont des méthodes que tout le monde connaît bien et qui produisent certains résultats. Beaucoup de leaders, de parents ou de gestionnaires fonctionnent avec la carotte et le bâton pour contrôler ceux qui les entourent. L'idée est que si vous produisez les résultats attendus, vous recevrez une récompense (carotte). Si vous échouez, vous serez puni (coup de bâton). Cette expression a été inventée en 1908 pour l'entraînement des chevaux qui recevaient des carottes en obéissant aux commandes et des coups de bâton dans le cas contraire. Le terme employé à l'époque était «management» et nous l'avons depuis transposé en gestion d'entreprise. Je préfère utiliser une autre façon de stimuler les troupes. Pour réussir un projet audacieux, vous vous doutez maintenant qu'il faut des participants qui réfléchissent au lieu d'obéir.

Vous évoluez sur un plan plus avancé en communications, car vous cherchez à repousser les limites du possible. La demande audacieuse, lorsqu'elle est bien utilisée, devient un merveilleux outil de création. En tant que demandeur, vous cherchez consciemment à stimuler l'action par vos demandes. Vous devez déléguer certaines tâches gigantesques. Pour un projet professionnel, vous avez besoin du concours de vos collègues, de votre patron et de vos partenaires. Pour un projet personnel, ce sera vos amis, vos voisins, votre famille et vos connaissances.

Ce qui suit vaut pour ceux à qui vous déléguez une tâche précise ou pour des partenaires qui peuvent vous aider de façon générale. Regardez autour de vous pour trouver qui pourrait bien être capable de relever le défi de répondre à votre demande audacieuse. Pour ceux à qui vous déléguerez une tâche, ayez en tête que vous visez deux buts : produire le résultat exigé et permettre à cette personne de se surpasser. Elle devrait être celle :

- envers laquelle vous pouvez vous engager ;
- qui vous inspire ;
- que vous-même imaginez capable d'accomplir cette tâche plus qu'elle ne l'imagine elle-même.

Pour ces personnes et pour tous vos autres partenaires impliqués dans la réalisation de ce projet, il est très important que vous ayez de la compassion pour l'interlocuteur à qui vous faites la demande téméraire. Mis devant ses limites, il peut se sentir écrasé par l'ampleur de la demande. Plus vous êtes à son écoute, plus vous saurez comment formuler la demande osée et lui faire voir les avantages d'y répondre. Une réponse positive de sa part n'est possible que s'il voit qu'il en sortira gagnant. Rallier une personne à une idée nécessite de la présenter de telle sorte qu'elle puisse la relier à ses valeurs et à ses engagements. Cela implique d'être à son écoute avant de faire la proposition pour en connaître les motivations profondes, qu'elle ne soupçonne peut-être pas elle-même.

Le rôle de la personne qui propose l'idée est donc de servir celle à laquelle elle s'adresse, afin de lui permettre d'exprimer ses engagements. Il ne s'agit pas de la faire changer d'idée ou de la convaincre du bien-fondé de l'idée. Cette approche part du principe que la personne est déjà engagée envers cette idée et que l'offre qui lui est faite appuiera ses engagements. Une bonne façon d'y arriver est de se mettre dans les souliers de la personne qui reçoit l'offre et de voir si votre présentation est inspirante. Ici, la qualité de la relation joue un rôle primordial. Plus il y a un lien de confiance entre le demandeur et son interlocuteur, plus la demande peut être téméraire. En tant que demandeur, vous offrez votre soutien afin de permettre à votre vis-à-vis de relever le défi que vous lui avez lancé. Cela demande du courage de part et d'autre.

Souvent, nous n'osons pas demander aux gens de notre entourage de se surpasser. Nous avons peur de les mettre sous pression, d'être trop exigeants. Pourtant, lorsque nous le faisons, nous permettons à ceux-ci de grandir en se mesurant aux obstacles prévus. Nous retirons une grande satisfaction personnelle quand nous aidons une personne à réaliser ce qu'elle pensait ne pas pouvoir faire par elle-même, n'est-ce pas?

Au cours d'une de mes formations, le président d'une entreprise de neuf cents employés a demandé à ses deux directeurs combien de temps il leur faudrait pour régler un problème de synchronisation manufacturière qui durait depuis cinq ans. Ils ont répondu: « Au moins six mois. » Le président leur a alors demandé de le régler en deux mois. Ils ont accepté, après s'être remis de leur choc initial, et ils y sont arrivés sans se tuer au travail, à leur grand étonnement. Cela a complètement changé la relation du président envers ses cadres supérieurs.

Les leaders sont des gens qui n'hésitent pas à exiger beaucoup de ceux qui les entourent, comme c'est démontré dans le film sur Louise Arbour[88], *Un combat pour la justice*. La présentation cadre bien l'action :

> Lorsque les vieilles haines des Balkans se terminent en nettoyage ethnique, en viols, en massacres de civils, les criminels de guerre restent impunis. Le Tribunal pénal international (TPI) pour l'ex-Yougoslavie, créé par les Nations Unies à La Haye, est tourné en ridicule et assimilé à un canard boiteux – jusqu'à l'arrivée de Louise Arbour.
>
> Au printemps 1996, Louise Arbour, juge canadienne idéaliste, est nommée procureure en chef du TPI. Au cours des trois ans que dure sa mission, elle doit surmonter de multiples obstacles provenant des milieux politiques et militaires des grandes puissances pour parvenir à traquer, à arrêter et à traduire en justice les criminels de guerre derrière les affrontements des Balkans et du Kosovo. Le seul allié d'Arbour sur le terrain est alors le capitaine John Tanner (John Corbett). Avec l'aide de son équipe de juristes et de Pasko (Stipe Erceg), son traducteur bosniaque, elle met en œuvre toute son habileté juridique pour parvenir à inculper, à arrêter et à emprisonner les grands responsables de ces atrocités. Sa quête de justice culminera avec l'emprisonnement de l'ancien président Slobodan Milosevic[89].

Pour arriver à inculper Milosevic[90], elle a dû faire preuve d'audace. À la suite d'une rencontre avec les généraux de l'Organisation du traité de l'Atlantique Nord (OTAN) représentant la France, l'Angleterre et les États-Unis pour leur demander de l'aide, elle s'est retrouvée seule dans un ascenseur avec le haut gradé britannique. Elle en a bloqué délibérément la descente pour poursuivre

---

88. Louise Arbour (1947), magistrate canadienne. Juge en Ontario (1987-1996), elle est procureure du Tribunal pénal international pour l'ex-Yougoslavie et le Rwanda de 1996 à 1999. Elle est ensuite juge à la Cour suprême du Canada (1999-2004), avant de devenir, en 2004, haut-commissaire aux Nations unies aux droits de l'homme. En 2009, elle est devenue PDG du International Crisis Group. (Source : *Le Petit Larousse illustré 2007*.)
89. http://www.huntforjustice.com/1-synopsis-fr.php.
90. Slobodan Milosevic, président de la Serbie de 1989 à 1997 et de la République fédérale de Yougoslavie de 1997 à 2000.

sa conversation avec lui en toute tranquillité. Voici un extrait de leur dialogue, tiré du film :

> Arbour : La Grande-Bretagne a toujours été une amie pour ce tribunal.
>
> Le militaire : Alors, ne vous l'aliénez pas maintenant.
>
> A. : Nous sommes allés trop loin pour nous arrêter et je ne pense pas continuer toute seule.
>
> M. : Vous auriez dû y penser avant de procéder à ces arrestations à notre insu[91]. J'ai fait ce que je pouvais pour vous, mais il m'est devenu très difficile de vous défendre ou même de vous aider. Je ne suis jamais qu'une voix dans ce bureau.
>
> A. : Peut-être, mais une fois que vous n'y êtes plus...
>
> M. : Vous ne savez pas ce que vous me demandez !
>
> A. : Si je sais et je vous le demande. La prochaine fois qu'un chef pensera pouvoir désobéir à la Convention de Genève, eh bien, le sang sera sur nos mains aussi.

Le militaire a remis l'ascenseur en marche et ils se sont quittés là-dessus. Quelques jours plus tard, à son grand étonnement, elle a reçu, du service de ce haut gradé, des cartons pleins de renseignements militaires hautement confidentiels. Son équipe les a passés au peigne fin pour finalement y trouver l'information qui a mené à l'arrestation du président serbe.

Lorsque vous vous lancez dans un projet audacieux, vous pouvez exiger la collaboration de tous ceux qui vous entourent : patrons, politiciens, partenaires, collègues, amis, conjoints, famille. Osez demander. À eux de voir ensuite s'ils sont prêts à vous appuyer ou pas. Le seul fait de demander, même s'ils refusent, ajoute du tranchant à la relation. Même si vous les dérangez, vos partenaires respecteront votre cran car, dans une position de leadership, en avoir fait partie de la description des tâches.

---

91. En effet, Mme Arbour a fait enlever deux criminels de guerre, Milan Kovacevic et Slavko Dokmanovic, sans prévenir les généraux de l'OTAN de l'opération en cours.

Les règles de la demande «ordinaire» s'appliquent aussi à la demande audacieuse. Être votre demande est essentiel. J'entends par là que vous vérifiez si la personne qui a accepté votre demande a tout ce qu'il lui faut pour réussir. Je ne parle pas de la suivre pas à pas, mais d'être responsable ultimement de son succès. Après tout, il s'agit de *votre* demande. Si vous entretenez le moindre doute au sujet de la capacité de votre interlocuteur à livrer la marchandise, trouvez quelqu'un à qui confier votre hésitation afin d'y voir clair et que la perception réductrice de votre collaborateur ne vous entrave pas dans votre soutien envers lui. Il est impossible de soutenir une personne envers laquelle vous avez un préjugé défavorable.

Éliminez vos doutes et revenez à votre engagement initial envers le succès et le développement de cette personne. Vous serez alors en mesure de l'aider sans être gêné par votre filtre réducteur. Lorsque vous vous engagez dans un projet osé, vous devez à votre tour oser avec vos collaborateurs. Quand la pression monte, il est facile de chercher à obtenir, par tous les moyens, ce que vous voulez pour arriver à vos fins et oublier un élément essentiel à l'efficacité d'une demande audacieuse: avoir à cœur le succès de l'autre. Si cela vous arrive, reconnaissez-le, nettoyez les dommages relationnels s'il y en a et engagez-vous à nouveau envers la personne concernée. Motivé par son succès, vous trouverez les bons mots, n'ayez crainte. Vous devez aussi être conscient que votre interlocuteur est sous pression et peut recourir à des stratégies de survie comme hausser le ton avec ses collaborateurs pour les pousser à agir plus rapidement. Aidez-le à trouver ces stratégies nuisibles, à les corriger et à les dépasser.

L'exemple suivant, tiré du livre de Jack Stack, *The Great Game of Business: Unlocking the Power and Profitability of Open-Book Management*, illustre bien la demande déraisonnable. Il s'agit d'une situation à laquelle l'inventeur de la gestion à livre ouvert a dû se mesurer.

Il y a quelques années, nous avons eu un problème avec un concurrent qui essayait de percer le marché et de nous enlever notre affaire de pompes à injection de mazout. Tout a commencé quand un nouvel acheteur a été engagé chez l'un de nos plus gros clients. Entrevoyant là une occasion favorable, notre concurrent est allé le voir et lui a proposé de lui livrer des pompes à un prix en dessous des nôtres. Le nouvel acheteur, qui voulait faire bonne impression dans son entreprise, a tout de suite pensé que de réduire les frais était une bonne façon de l'obtenir. L'acheteur est donc venu me voir et m'a dit: «Moi, je n'ai pas le choix. Si vous ne baissez pas vos tarifs de 6 %, je vais passer la commande à l'autre. Je vous donne trois mois pour les baisser.»

Il faut dire que ces 6 % étaient exactement ce qui faisait la différence entre gagner de l'argent et en perdre sur le produit. Nous ne pouvions pas imaginer comment notre concurrent allait faire de l'argent avec ce prix. Il se trouvait que nous avions des actions dans son entreprise. Nous avons fait une vérification de ses finances et nous avons relevé des dettes d'un montant incroyable dans sa comptabilité. Je parle d'une entreprise de cent millions qui en devait cinquante-six. Quand vous empruntez autant d'argent, vous ne pouvez pas le cacher, même si votre entreprise est privée. Il y a toujours quelqu'un qui le sait. En plus, il s'agissait d'une entreprise syndiquée, ce qui voulait dire que nous savions combien il payait ses gens. Nous savions aussi que nos délais de production étaient raisonnables et que nos prix étaient concurrentiels. Il était donc évident que ce type était prêt à tout pour obtenir ce client. Il subventionnait le produit en s'endettant pour couvrir les pertes. Sa stratégie était évidente: il était prêt à gagner le contrat, même à perte, à nous sortir du marché et à remonter le prix plus tard. Nous avons expliqué tout cela à l'acheteur. Nous avons fait appel à sa loyauté et utilisé tous les arguments possibles. Mais il a continué d'exiger la baisse de prix qui allait faire économiser de l'argent à son entreprise, du moins à court terme. Il nous fallait trouver un moyen de réduire nos frais.

Je suis donc descendu dans la salle où nous produisons les pompes à injection de mazout. J'ai dit aux gens ce qui était en train de se tramer. Ces pompes sont vendues environ 200 $ l'unité. Pour baisser nos tarifs de 6 %, il fallait que chaque pompe revienne à 12 $ l'unité. J'ai dit: «Je ne sais pas comment obtenir ce genre de réduction, mais ce que je sais, c'est que si nous ne le faisons pas nous allons perdre ce contrat et cela pourrait coûter le poste de plusieurs personnes.» Et j'ai accroché une photo de l'autre PDG au mur avec une copie de ses états financiers. J'ai dit: «Voilà celui qui essaie de vous prendre votre travail, et j'ai bien peur de ne pas savoir comment l'en empêcher. J'ai fait tout ce que j'ai pu jusqu'à présent, et cela n'a pas fonctionné. À vous de jouer maintenant.» Honnêtement, je pensais qu'il nous faudrait un miracle pour conserver ce contrat.

Les employés ont été formidables. Ils ont formé un groupe d'action et ils ont créé un thermomètre. Ils se sont rassemblés et ont discuté de la façon d'économiser cinq cents par-ci et dix cents par-là. Ils ont analysé leur équipement. Ils ont passé à la loupe tous les frais de matériel. Ils se sont demandé comment tel vendeur pouvait nous facturer tel prix quand on pouvait trouver la même chose pour beaucoup moins cher chez le quincaillier du coin.

Tous les jours, ils affichaient leurs économies. Au bout de trois mois, ils avaient réduit les frais de production de la pompe de 40 $ – soit une économie de 20 %. Je n'aurais jamais pensé qu'ils pourraient le faire. Là, je dois dire qu'ils m'ont étonné. Il n'y a pas un ingénieur qui aurait pu faire ce qu'ils ont fait. Et ils l'avaient fait eux-mêmes. Ce qui est intéressant, c'est qu'ils faisaient bénéficier le client de la réduction de 10 % qui lui, à son tour, en faisait bénéficier le marché, ce qui a provoqué l'augmentation du volume et permis ainsi de créer de nouveaux postes de travail. Cela donne aux gens l'occasion de voir l'ensemble du cycle économique. Pour ce qui est de notre concurrent, il a perdu cette fois-là, mais il est toujours dans les environs et nous force à être sur nos gardes.

La morale : Vous avez besoin de modèles[92] pour montrer aux gens comment les choses fonctionnent dans la réalité. Cela ne suffit pas d'arriver avec des souhaits et des buts à atteindre. C'est votre rôle de donner aux gens la stratégie nécessaire pour y arriver. C'est à vous de les guider. Vous devez leur montrer que l'on peut atteindre le but, et quel chemin il faut prendre pour y arriver. À moins que vous ne vous trouviez dans une situation où les mathématiques ne vous sont plus d'aucune aide, comme avec le problème des pompes à injection de mazout. Là, ce qu'il vous faut, c'est un miracle. Et, de temps en temps, les gens font des miracles, mais cela aide si ceux-ci ont une bonne formation. Je ne pense pas que les employés de la salle des pompes s'en seraient sortis s'ils n'avaient pas été entraînés à travailler sur des modèles.

92. Sous-entendu : modèles financiers.

Dans cet exemple, Jack Stack s'est assuré de bien outiller ses employés pour leur permettre de réussir brillamment. Il leur avait déjà donné une formation pour les aider à comprendre le fonctionnement financier d'une entreprise. Ensuite, il leur avait appris à se servir de modèles de gestion pour contrôler leurs coûts. Finalement, il leur a donné toute l'information concernant ce dossier afin qu'ils aient, comme lui, une vue d'ensemble du problème. Notez que la demande déraisonnable du nouvel acheteur a forcé Jack Stack et son équipe à se dépasser. Alors, si vous êtes intéressé par un environnement de travail stimulant ou prêt à relever des défis importants, osez demander à ceux et à celles qui vous entourent. Le niveau d'inconfort augmentera, mais la satisfaction et la vitalité aussi. Vous aurez hâte d'aller au travail pour réaliser des projets stimulants plutôt que d'avoir hâte de prendre votre retraite.

Jack Stack applique les actes de parole de la façon suivante :

- Il *déclare* qu'une panne a eu lieu ou qu'elle est sur le point d'avoir lieu (la compagnie risque de perdre une importante commande si elle ne réussit pas à réduire ses coûts d'exploitation de 6 % en trois mois) ;
- Il *affirme* un engagement préalable (en tant que chef d'entreprise, il est engagé à gérer une compagnie rentable) ;
- Il fait une *demande* et ses employés *promettent* de la réaliser (réduire les coûts de 6 % en trois mois).

Une mise en garde cependant. Il est difficile de faire une demande déraisonnable à une personne pour compenser le travail mal fait d'un collègue qui n'a pas tenu parole ou qui est incompétent et, ce faisant, a mis son équipe dans une position précaire. Le gestionnaire doit absolument tenir compte de cet élément, en être responsable et utiliser dans ce cas-ci la demande déraisonnable avec beaucoup de circonspection. L'employé à qui le gestionnaire demande de réparer les pots cassés peut lui en vouloir de ne pas s'être occupé de la situation plus tôt en tant que responsable et de se retrouver, lui l'employé, avec le problème sur le dos. Si c'est le cas, le gestionnaire doit s'expliquer afin de s'assurer la pleine collaboration de son employé.

Les promesses audacieuses

Nous avons vu qu'en faisant des demandes audacieuses, vous pouviez faire reculer les limites du possible et ajouter du piquant dans votre vie. Voici maintenant une autre façon d'y arriver : en faisant des promesses audacieuses. Vous pouvez utiliser ce genre de promesse pour vous sortir vous-même de votre zone de confort, sans que personne ne vous demande quoi que ce soit, uniquement pour vous mobiliser à agir. Ou encore, vous pouvez promettre à quelqu'un de remettre un travail avant l'échéance demandée ou d'améliorer les résultats qui vous sont demandés.

Au début des années 1960, le président John F. Kennedy a promis que les États-Unis enverraient un homme sur la lune et le ramèneraient sur terre avant la fin de la décennie. Remarquez les caractéristiques de cette promesse:

- Critères de satisfaction : envoyer un homme sur la lune et le ramener ;
- Échéancier : avant la fin de la décennie ;
- Interlocuteur compétent : Wernher von Braun.

Dans un premier temps, ce dernier a dû réorganiser complètement son service, car il n'était pas prêt à faire face aux conséquences de cette promesse audacieuse. À son tour, il a fait plein de demandes à son équipe.

Au chapitre 4, nous avons vu à quel point il est important de communiquer régulièrement au demandeur l'évolution de notre demande. Ça l'est doublement quand vous faites une promesse audacieuse. Parlez ouvertement des pannes que vous avez. Osez demander le soutien de ceux qui vous entourent. Au bout du compte, de deux choses l'une: soit vous avez tenu votre promesse et vous célébrez, soit vous ne l'avez pas tenue et vous célébrez tout ce que vous avez appris et que vous n'auriez pas appris n'eût été votre promesse. Assurez-vous que les gens autour de vous comprennent ce qui s'est passé et les raisons pour lesquelles vous n'avez pas tenu votre promesse. Soyez responsable des conséquences, le cas échéant. Le plus important n'est pas de tenir votre promesse, mais d'être votre promesse en ne reculant devant aucun effort. Cela me rappelle les mots de W. H. Murray dans *L'expédition écossaise dans l'Himalaya* (1951):

> Une vérité élémentaire gouverne tout acte de création, et l'ignorer entraîne la mort d'innombrables idées et de plans magnifiques: dès qu'une personne s'engage vraiment dans un projet, la providence se met de la partie. Surviennent alors une multitude d'événements favorables qui, autrement, ne se seraient jamais produits. Les faits s'enchaînent pour provoquer des rencontres et des phénomènes opportuns. J'ai appris à respecter cette citation de Gœthe: «Quels que soient vos rêves, commencez à les réaliser, car l'audace est faite de génie, de magie et de pouvoir.»

Quelle promesse audacieuse pourriez-vous faire pour stimuler votre créativité? Dans votre famille? Avec vos amis? Dans la réalisation de votre projet? Auprès de qui pourriez-vous vous engager afin de vous dépasser et de vous étonner?

Chouette, un problème!

Il existe une multitude d'écrits sur les problèmes et la manière de les résoudre. Pour le philosophe Heidegger et Fernando Flores, notre façon traditionnelle d'aborder les problèmes leur donne une espèce d'existence indépendante de la personne qui s'y trouve confrontée. C'est comme s'ils tombaient du ciel au hasard, sans lien avec la personne sur qui ils aboutissent. Ils disent que, la plupart du temps, nous vivons sans être vraiment conscients de ce qui nous entoure. Par exemple, il m'arrive souvent de partir à un rendez-vous, qu'il soit personnel ou d'affaires, en démarrant mon auto machinalement et en pensant à ce que je vais faire ou dire aux gens que je vais rencontrer. Je suis parfois tellement absorbée par mes pensées que je me retrouve dans une rue en me demandant ce que j'y fais. J'ai mes circuits réguliers lorsque je vais prendre tel pont ou telle autoroute et quelquefois je prends le mauvais si je n'ai pas planifié consciemment la route à prendre. Il en est ainsi de tout ce qui nous entoure, que nous tenons pour acquis, jusqu'à ce qu'un problème nous le rende présent.

Il y a quelque temps, les employés de la ville où j'habite ont effectué des travaux sur le système d'aqueduc et ils ont dû couper l'eau. J'ai soudainement pris conscience de l'importance de l'eau courante. Mes activités habituelles ont été complètement bouleversées. Heidegger et Flores disent que nous évoluons dans notre monde (être-au-monde) et, tout à coup, il devient présent lorsqu'il est interrompu par un événement imprévu. Cette interruption révèle l'arrière-plan à partir duquel nous fonctionnons. Dans les pays industrialisés, manquer d'eau courante pose un problème. Dans certains pays d'Afrique ou d'Asie, c'est malheureusement normal. Une situation peut représenter un problème pour une personne, mais pas pour une autre. Le problème est donc fonction de l'arrière-plan propre à chaque individu, du milieu ambiant dans lequel il évolue et de ses engagements. C'est une interprétation d'une situation donnée.

Heidegger suggère, quant à lui, le mot « panne », que j'ai souvent utilisé depuis le début. Il évoque ainsi l'interruption dans notre façon habituelle, confortable, normale d'être dans notre monde, un peu comme nous disons une « panne d'électricité », « une panne mécanique », soulignant un fonctionnement interrompu de manière soudaine et qui reprendra une fois la situation réglée. Pour Flores, les pannes jouent un rôle capital en nous révélant l'arrière-plan à partir duquel nous fonctionnons et dont nous sommes, la plupart du temps, complètement inconscients. La panne ramène cet arrière-plan à notre conscience.

Thomas Edison, l'inventeur de la lampe à incandescence, était insomniaque. Il en avait assez de passer ses nuits à s'éclairer à la bougie. Pour lui, c'était une panne de ne pas avoir un éclairage adéquat. Il a donc décidé d'inventer une lampe qui éclaire de façon continue, sans bougie. Plusieurs grandes découvertes découlent de pannes, comme les feuilles autocollantes de la compagnie 3M. Un ingénieur s'est trompé dans sa recette de colle et a accidentellement, mais heureusement, donné naissance au fameux *Post-it*! Un autre exemple: je voyage en auto dans un pays étranger en partant à l'aventure, sans but précis, et je me laisse guider par les événements. Soudain, j'ai une crevaison. Pour moi, ce n'est pas une panne. Au contraire, c'est l'occasion de découvrir comment se répare une crevaison dans ce pays. Si, par contre, je voyage en auto avec un itinéraire très précis et que je dois rencontrer des gens à certaines étapes et à des moments convenus, la même crevaison deviendra une panne. Je risque d'arriver en retard à mes rendez-vous. Dans le premier cas, la ponctualité n'est pas un engagement, dans le second si.

Je préfère le mot «panne» suggéré par Heidegger pour le distinguer de «problème» qui a une connotation plutôt limitante. Personne ne veut de problèmes, nous cherchons tous à les éviter à tout prix. Nous préférons nous voir sur la plage dans un hamac avec une boisson rafraîchissante et un bon roman. Désolée, cela n'est pas la vraie vie, même les retraités se remettent au travail. Cette aversion pour les problèmes est tout à fait légitime car, en général, qui dit problème dit chasse au coupable et punition. Dès que quelque chose ne fonctionne pas, une des premières questions que nous nous posons est: «À qui la faute? Où est le coupable à punir? Qu'est-ce que j'ai fait pour mériter un tel sort?» Un journaliste assistait aux auditions d'une commission d'enquête portant sur l'effondrement d'un viaduc qui a causé la mort de plusieurs personnes. Il a trouvé une expression délicieuse pour décrire ce qui se passait lorsque les uns rejetaient le blâme sur les autres: le «festival de la patate chaude». Belle image, non?

Voilà ce qui se passe lorsque les gens n'ont pas le courage de reconnaître leurs erreurs. Chacun se renvoie la balle et, soudainement, l'amnésie devient une maladie contagieuse. Les trous de mémoire prennent des dimensions gigantesques: «Je ne me souviens pas d'avoir dit cela», «Je ne me rappelle pas que tu aies fait cela». Cette façon de procéder empêche de trouver des solutions, les énergies de tous étant consacrées à se protéger et à se justifier. Le jeu du blâme mine tout le monde et engendre un climat de peur, celle de se faire prendre et punir comme un enfant. Plusieurs pensent qu'une panne souligne leur incompétence et ils vont déployer beaucoup d'efforts pour la cacher. Cette perception les prive de la fantastique occasion de s'en servir pour se dépasser. Rappelez-vous, une panne est vide de sens. Alors, plutôt que de chercher des coupables, cherchez plutôt à comprendre ce qui est arrivé.

Dès que nous nous engageons envers une vision, une mission, un projet audacieux, nous créons automatiquement un écart entre la situation présente et celle souhaitée. Tout ce qui n'est pas en accord avec cette vision ou ce projet audacieux remonte à la surface et nous saute au visage. Nous avons soudainement une série de pannes sur les bras. Il n'y a qu'une chose à faire, les régler l'une après l'autre, en nous réjouissant que leur présence confirme notre engagement. N'est-ce pas merveilleux? Nous sommes forcés d'agir face à une panne, même si nous ne faisons que nous mettre la tête dans le sable pour l'ignorer. C'est une réaction d'évitement, elle peut nous permettre de nous ressaisir avant de passer véritablement à l'action. Nous pouvons réagir de deux façons. La plus fréquente est: «Non merci, je n'en veux pas», «Pourquoi ça m'arrive à moi? «Qu'est-ce que mon patron (mon conjoint ou ami) va penser de moi?»; ou, l'attitude la plus productive est: «Quelle belle occasion d'apprendre, de progresser et de découvrir de nouvelles possibilités!» J'espère vous avoir contaminé avec ma prédilection pour les pannes.

Le fait de nous engager dans un projet qui repousse les limites du possible apporte un avantage marqué. Nous avons au moins la satisfaction de créer nous-mêmes nos pannes ou accidents de parcours. Nous aurons toujours des pannes, c'est inévitable. Nous sommes alors en zone d'inconfort, en terrain inconnu et nous nous y sommes mis de plein gré. C'est grâce aux pannes que nous pouvons avancer. Dans le feu de l'action, j'ai vite fait d'oublier que je me suis mise moi-même en situation d'avoir des pannes. Nous ne pouvons nous plaindre, nous l'avons cherché. Personnellement, j'ai appris, avec le temps, à aimer mes pannes, à les souhaiter et à les célébrer, y compris la maladie. Je raffole de cette citation de Carl Gustav Jung[93] : « La maladie est l'effort que fait la nature pour nous aider à guérir. » Chaque panne est un cadeau du ciel et nous permet de progresser vers notre but.

Il y a panne lorsqu'un écart se creuse entre notre intention et nos résultats. C'est là que se situent les conflits, lorsque ce qui est ne devrait pas être. Dès que nous considérons que ce qui arrive n'est pas bien, que nous n'acceptons pas les résultats que nous obtenons, que cela ne devrait pas être ou devrait être autrement, nous sommes en situation de conflit entre nos attentes et la réalité. Nous en voulons à cette dernière de ne pas être conforme aux premières. Nous pouvons vivre ce conflit avec nous-mêmes, avec d'autres ou avec une situation donnée. Soit nous concentrons notre énergie à refuser la réalité, soit nous la concentrons à l'accepter, à comprendre ce qui nous arrive et à chercher une solution. Il y a des conflits sains et d'autres malsains. Pour les distinguer, nous observons ce que nous ressentons. Pendant un conflit sain, il y a échange d'idées, nous clarifions nos arguments pour mieux les faire comprendre, nous bénéficions des points de vue des autres, nous sommes stimulés par le défi à relever de nous entendre avec nos coéquipiers. Si le conflit est malsain, nous sommes stressés, inquiets, angoissés, nous avons de la difficulté à dormir et le conflit nous coûte cher sur les plans financier, émotif et relationnel. Dans le premier cas, c'est une occasion de grandir ; dans l'autre, de nous protéger ou de nous justifier.

93. Carl Gustav Jung (1875-1961) est psychiatre suisse. Élève de Freud, il est le fondateur du courant de la psychologie analytique.

Un conflit malsain est toujours une panne dans la relation, jamais une question juridique. Lorsque les gens ont une relation solide, ils arrivent à régler les questions juridiques. Sinon, la côte sera dure à remonter.

Lorsqu'il y a une panne, notre premier réflexe n'est pas toujours très zen. Disséquons ce qui se passe. La première réaction est de nature psychologique: «Ah, non! C'était pas prévu!», «Pourquoi faut-il que cela m'arrive maintenant?». Normal. C'est bien de nous laisser aller à des émotions de colère, d'énervement, de contrariété. Cependant, plus vite nous nous en remettons, plus vite nous pouvons reprendre l'action. Ensuite, nous reconnaissons l'engagement qui est à l'origine de la panne. Pas d'engagement, pas de panne. En général, les gens remettent leur engagement en question lorsqu'ils ont des pannes, plutôt que de les considérer comme une confirmation de l'engagement. Les gens engagés obtiennent soit un résultat, soit une panne. La panne est l'occasion de dialoguer et d'agir, de révéler des lacunes, de découvrir ce qui manque et d'explorer de nouvelles avenues auxquelles nous n'avions pas pensé au début du projet.

La panne et l'engagement sont indissociables; ils sont la paume et le dos de la main, le côté face et le côté pile d'une pièce de monnaie. Dès que nous nous engageons, nous démarrons une course à obstacles, comme les sportifs. Si nous réduisons l'engagement, nous renonçons à notre potentiel de le réaliser, car la facilité immédiate pour réduire la pression a un prix à long terme: la réduction de notre capacité à rêver. Il n'y a nul besoin de participer à un sport extrême comme nous en voyons à la télé pour avoir des émotions fortes. Honorer notre engagement dans l'action à chaque instant et ne pas nous laisser distraire ou ébranler par l'inconfort que cela représente nous donnera toutes les émotions fortes. Notre créativité est fonction de la nature du rapport que nous entretenons avec les pannes.

Êtes-vous du genre à vous apitoyer sur votre sort, à vous en vouloir d'avoir fait une erreur, à vous mettre en colère et avoir raison que vous ne pouvez pas y arriver quand les circonstances ne vous conviennent pas ? Si oui, vous avez tout intérêt à être conscient de ce que cela vous coûte en argent et en qualité de relations.

Une fois remis de nos émotions, nous déclarons une panne et reconnaissons l'engagement d'arrière-plan, puis nous le ramenons au premier plan. Nous maintenons l'engagement, nous l'honorons, le confirmons et examinons comment pallier la situation. Nous pouvons reporter un rendez-vous ou demander à quelqu'un de nous remplacer. Ensuite, nous trouvons dans notre réseau la personne qui peut nous aider à régler la situation.

Vous avez certainement deviné ce qui suit : des demandes et des promesses. Qu'est-ce que vous pouvez demander, à qui et pour quand ? Y a-t-il des gens qui seront affectés par la panne et que vous devez prévenir ? Voilà des questions qui font avancer les choses. Inutile de chercher le coupable, car c'est du temps qui pourrait être consacré à la recherche de solutions. Depuis que je pratique cette approche, je peux faire face à toutes sortes de pannes avec beaucoup plus de sérénité. J'ai vite fait de me remettre de mes émotions et de passer à l'action. Je dors très bien et j'apprécie de plus en plus cette capacité de rester calme au milieu de la tempête.

Pour repousser les limites du possible, point n'est besoin de travailler davantage, il faut penser hors des sentiers battus. Au début, cela est très exigeant et il se peut que vous travailliez moins et que vous soyez plus fatigué. C'est le genre de phénomène qui se produit lorsqu'on commence un nouveau travail. La quantité d'informations nouvelles exige une plus grande présence que d'habitude. La routine demande beaucoup moins de présence. Vous pouvez encourager les membres de votre équipe en leur demandant de ne pas travailler plus ; cela les obligera à penser différemment. La récompense et le regain d'énergie viennent quand vous produisez un résultat impensable, imprévisible. La fierté d'avoir accompli un tel exploit revigore une équipe à coup sûr et peut lui donner le goût de recommencer.

Lorsqu'une équipe déclare une panne, ses membres s'entendent sur une interprétation de la situation afin de déterminer les actions à prendre pour la résoudre. Pour y arriver, chacun y va de son point de vue, tout en le soutenant auprès des autres. Cela évite de chercher *la* raison de la panne, enrichit le débat et donne plus de marge de manœuvre. Une fois que toutes les interprétations ont été présentées, les membres de l'équipe s'entendent sur l'une ou plusieurs d'entre elles comme base de leur action.

En vous reportant aux conversations d'un projet, celles qui engendrent la relation, la possibilité, la faisabilité, l'action et la réalisation, voici des étapes où une panne peut se produire:

- *Conversation engendrant la relation*: Les gens travaillent les uns avec les autres tout en se méfiant ou en ne se connaissant pas suffisamment. C'est le genre de situation que l'on trouve souvent dans une entreprise traditionnelle (en gestion à livre fermé): les employés des services (comptabilité, génie, ressources humaines) sont perçus par ceux de la production (fabrication des produits vendus) comme ne faisant pas un vrai travail et les dérangeant dans leurs activités si importantes. Ou, les employés de la production trouvent que les vendeurs promettent aux clients des délais de livraison intenables.
- *Conversation engendrant la possibilité*: Les gens s'engagent sans vraiment voir ou croire qu'ils peuvent atteindre leurs objectifs. Ils obéissent à l'autorité au lieu de tenir compte de leurs valeurs.
- *Conversation engendrant la faisabilité*: Les gens peuvent bien s'entendre mais ne pas avoir les compétences nécessaires pour mener le projet à terme. Ils doivent alors déterminer clairement les ressources dont ils ont besoin et s'assurent de les obtenir.
- *Conversation engendrant l'action*: Il se peut que tous les éléments essentiels au succès du projet soient en place, mais que les

membres de l'équipe n'osent pas demander et promettre pour faire avancer les choses. Ils s'arrêtent dès qu'un problème surgit[94].

Je vous soumets des scénarios possibles pendant une panne:

- Un heureux concours de circonstances survient et, par chance, la panne est résolue;
- Une nouvelle approche est découverte et utilisée. Cela peut être une nouvelle invention porteuse d'avenir ou une simple résolution du problème;
- La panne est résolue en changeant l'engagement, ce qui arrive le plus souvent. On embauche plus de personnel, on repousse l'échéancier, on réduit la qualité, on trouve des excuses, etc. Le projet est ramené dans le domaine du prévisible et l'occasion de connaître une avancée est perdue à jamais;
- La panne se poursuit à la suite du choix éclairé de maintenir l'engagement de départ. Ce choix implique un certain malaise, car on n'a aucune preuve que l'engagement initial sera atteint. Il peut même paraître impossible à atteindre. Souvenez-vous d'*Apollo 13* et de la détermination du directeur de mission à ramener les astronautes sains et saufs.

Voici, en résumé, l'anatomie d'une panne:

- Nous réagissons d'abord: «Ah, non! C'est pas vrai!»
- Nous passons instantanément d'une bonne humeur à une moins bonne.
- Nous nous disons que ce n'est pas bien que cela nous arrive maintenant et que ça devrait être autrement.
- Nous déclarons la panne.

---

94. Tiré d'un article intitulé *Organizational Transformation: Innovations in Theory and Practice*, par Suzanne DiBianca-Lieser, Sam Kirschner et Jim Selman, p. 25.

- Nous acquérons notre compétence à résoudre la panne en utilisant notre structure de soutien: «Qui peut nous aider?»
- Nous communiquons notre retard aux personnes concernées lorsque des engagements futurs sont en péril.
- Nous faisons une série de déclarations, de demandes, de promesses et d'affirmations.

Face à une panne, nous pouvons choisir une des deux voies suivantes; soit:

- Quelque chose est arrivé qui n'aurait pas dû arriver. Alors, nous nous en voulons et nous en voulons à la situation ou à d'autres personnes;
- Nous nous demandons comment faire pour nous en sortir.

Soit:

- Quelque chose est arrivé qui ne veut rien dire en soi et nous en faisons une occasion de progresser vers notre but;
- Nous explorons les possibilités de solutions, nous évaluons leur faisabilité et nous passons à l'action en demandant et en promettant afin d'honorer notre engagement.

Un mot sur la gestion de crise. Nos élus et fonctionnaires ont élaboré des plans d'action pour gérer les crises. Cela peut être une catastrophe naturelle, un geste criminel ou une situation complètement nouvelle à laquelle personne n'est préparé. Je vous ramène au carambolage du début du livre où il nous est facile de faire le constat suivant:

- Nous ne pouvons pas éviter d'agir;
- Nous ne pouvons pas prendre du recul et réfléchir aux actions que nous devrions faire;
- Nous ne savons pas comment les gens autour de nous vont réagir à nos actions;
- Nous n'avons pas une image claire de ce qui se passe.

En général, dans ce genre de situation, les personnes présentes s'affolent, paniquent, sont portées à agir d'une façon très automatique et très émotive. J'affirme que la plupart ne «sont pas là». J'entends qu'elles sont en réaction émotive face à l'événement et pas nécessairement à ce qui se passe. D'où l'importance d'avoir au moins une personne qui «soit là» (sous-entendu: présente). Un jour, alors que j'étais responsable de l'organisation d'un séminaire de plus de cent personnes, un des membres de mon équipe vient me trouver à la fin de la première journée, complètement paniqué. Il m'apprend qu'un participant est arrivé le matin à la dernière minute et que, pour lui rendre service, il lui a offert de stationner son auto, ce que le participant a accepté. Le soir venu, le participant va chercher l'auto à l'endroit indiqué par le membre de mon équipe et ne la trouve pas. Il revient furieux, inquiet, convaincu que son auto est volée. Elle contient ses effets personnels pour la durée du séminaire de trois jours, son équipement de hockey, son ordinateur, bref, c'est l'enfer. J'ai devant moi deux personnes très émotives, une qui se sent coupable, l'autre qui est inquiète et fâchée. Les deux me parlent en même temps, très agitées. Je leur ai d'abord demandé de se calmer. Ensuite, j'ai proposé au participant qui dormait chez un ami de s'y rendre, de me remettre ses coordonnées et les clés de son auto, d'aller se détendre et que quelqu'un lui rapporterait sa voiture dans l'heure qui suit.

Incrédule, il est parti avec un autre participant qui l'a conduit chez son ami. Puis, j'ai demandé à mon équipe ce qui s'était passé. J'ai pris bonne note de ses explications, le billet de stationnement et je me suis mise à la recherche de cette auto. Je n'avais aucune idée de la façon de m'y prendre, je savais seulement que je devais à tout prix la retrouver. Au bout de quinze minutes à me promener d'un stationnement à l'autre, je découvre, soulagée, la voiture. L'endroit où elle était stationnée ne correspondait pas à celui indiqué sur le billet. En fait, j'ai fait les mêmes gestes que le participant plus tôt, sauf qu'il a paniqué. Pris par sa réaction émotive, il a conclu au vol, tandis que moi, je n'ai pas paniqué. J'ai constaté la chose et j'ai expliqué la situation à un préposé du stationnement. Il m'a dit que parfois, lorsque le stationnement est débordé, on place effectivement les voitures un peu plus loin. Il m'a indiqué où elle était. Revenue sur les lieux du séminaire, j'ai téléphoné pour lui dire qu'une personne était en route pour lui ramener son auto. J'ai mis cinquante minutes à résoudre cette énigme. Donc, en situation de crise, il faut savoir que les émotions et les automatismes prennent le dessus et qu'il faut prévoir une personne responsable capable de garder son sang-froid sans se faire contaminer par la panique générale. Cette personne doit être capable d'agir avec certitude, de demander et de promettre pour résoudre la situation.

En somme, lorsque vous pilotez un projet osé, vous avez intérêt à développer des antennes pour repérer les pannes et vous en servir pour avancer et, surtout, au lieu de les camoufler, en parler au plus grand nombre de gens susceptibles de pouvoir vous aider.

La compétence en relations interpersonnelles

Pour maîtriser l'art de stimuler la créativité, vous devrez apprendre à être compétent en relations interpersonnelles. Certains parlent d'intelligence émotive ou d'habileté en *coaching*. J'ai mentionné au chapitre 5 l'importance d'établir une relation solide avec ses interlocuteurs. Plus une relation est solide, plus les personnes intervenant dans cette relation accompliront de grandes choses. Je vous invite à concevoir la capacité d'entretenir des relations satisfaisantes comme une compétence. Certaines personnes ont un don naturel pour aller chercher le meilleur chez les autres. Nous disons qu'elles ont du charisme.

À quoi cela tient-il? À une foule d'éléments, à mon avis, à commencer par un engagement personnel à exceller dans ce domaine. La première étape demande d'être prêt à se mettre sur le chemin du développement de cette faculté qui, une fois maîtrisée, ouvre la porte à des résultats extraordinaires. Cet apprentissage sera plus facile pour certains, mais la bonne nouvelle est que c'est accessible à qui veut bien se mettre au travail. Nous vivons à une époque où foisonnent les cours de développement personnel, de communication et de leadership : nous avons l'embarras du choix.

Voici, en résumé, les éléments d'une compétence en relations interpersonnelles :

- écoute empathique ;
- responsabilité de l'effet de nos paroles sur les autres ;
- capacité à accepter les autres et les situations tels qu'ils sont ;
- curiosité de comprendre ce qui motive les autres.

Au début d'une relation, les gens vous traitent d'une certaine façon, vous y réagissez et une dynamique vient de s'installer. Cette dynamique vous soutient-elle dans vos engagements ? Si oui, tant mieux, continuez. Sinon, il est impératif d'intervenir immédiatement pour lui donner le cours que vous recherchez. Plus vous agirez rapidement, plus ce sera facile.

Ainsi, un de mes clients avait embauché une réceptionniste qui avait des habitudes qui le dérangeaient, mais il n'osait pas intervenir. Je lui ai recommandé de lui en parler, sans succès. Les choses ont empiré, sont devenues très pénibles et il a dû la remercier. Une semaine après l'arrivée de la nouvelle réceptionniste, il a remarqué que sa façon de s'habiller ne lui convenait pas ; il avait omis cet aspect dans son entrevue de sélection. Lorsque je lui ai recommandé à nouveau d'en parler, il l'a fait et tout s'est très bien passé, la situation a été immédiatement corrigée. Il est normal de devoir vous ajuster au début d'une relation et c'est vraiment le moment idéal pour le faire.

Nous vivons à une époque où les individus sont très mobiles et nous côtoyons de plus en plus des gens d'une autre culture, religion ou langue. C'est un enrichissement pour tous, car nous devons être d'autant plus vigilants et éveillés. Nos automatismes qui fonctionnent dans notre environnement habituel nous sont inutiles face à une personne d'une autre culture qui réagit différemment. Nous devons au début de ce genre de relation être particulièrement à l'écoute de la nouvelle personne, afin de déceler ce qui nous différencie et qui pourrait être source de malentendus. Un commentaire anodin pour moi peut signifier pour un Chinois de perdre la face, ce qui est la pire chose qui puisse lui arriver. Je serai alors en présence d'un individu contrarié et très émotif. Ce sera un excellent exercice de souplesse que de rétablir la relation.

Lorsque vous arrivez à stimuler les autres à agir et à se surpasser, il n'y a plus de limites à ce que vous pouvez accomplir. Les gens se battront pour faire partie de votre équipe. Si vous êtes intéressé à aller de l'avant dans ce domaine, commencez par un sondage auprès de votre entourage. Dans le monde de la formation et du *coaching*, cet exercice s'appelle le «360». Il est utilisé pour aider les gestionnaires à s'améliorer. Un gestionnaire demande à des subordonnés, à des collègues et à des supérieurs ce qu'ils pensent de son style de gestion, à l'aide d'une série de cinq à dix questions. Il est fortement recommandé que les commentaires soient ouverts et non confidentiels. Si vous voulez vraiment compter sur une équipe qui produit des résultats remarquables, la capacité à dire franchement ce que chacun pense des autres est un atout majeur.

Vous pouvez aussi demander à vos amis, à votre famille ce qu'ils pensent de vous. Voici quelques questions à leur poser pour savoir où vous en êtes et ainsi déterminer le chemin à parcourir. Il est essentiel de leur dire qu'ils doivent s'exprimer ouvertement, que leurs commentaires vous sont précieux, que vous désirez progresser dans votre façon d'interagir et que, pour y arriver, leur aide vous est précieuse. Ajoutez que vous aimeriez surtout entendre d'eux ce qu'ils n'osent pas vous dire. Invitez-les à être courageux et à oser vous parler franchement et directement.

- De façon générale, comment me percevez-vous?
- Quelles sont mes forces?
- Quelles sont mes faiblesses?
- Qu'est-ce que je peux améliorer?

- Qu'est-ce que je fais qui vous ennuie?
- Qu'est-ce que vous aimeriez que je fasse pour améliorer notre relation?

Assurez-vous d'avoir un bon échantillonnage constitué d'une variété de gens. Prenez des notes et faites le point. Vous devrez faire un tri parmi ces commentaires. Rappelez-vous qu'il s'agit d'opinions et que ce n'est pas la vérité à votre sujet, mais un point de vue comme un autre. Vous trouverez des thèmes récurrents qui indiqueront les effets que vous avez sur votre entourage. Par exemple, si vous apprenez que vous apparaissez comme manipulateur ou agressif, cela ne correspond pas à un individu intéressé à être compétent en relations. Après avoir cerné cet effet non désirable, demandez-vous d'où il vient. Essayez aussi de comprendre ce qui vous motive.

Soyez curieux envers vous-même. Faites analyser votre personnalité. Je vous recommande fortement l'ennéagramme, ma typologie préférée[95]. Ce n'est pas nécessaire de trouver la source du comportement non désiré pour arriver à le corriger. Ce qui l'est, par contre, c'est de dire aux personnes qui vous ont fait ces commentaires que vous êtes engagé à corriger votre approche. Demandez-leur de vous aider en vous faisant la remarque la prochaine fois que vous retomberez dans vos vieilles habitudes. Quand vous arriverez à vous surprendre la main dans le sac pour ainsi dire, vous pourrez vous corriger sur-le-champ et ainsi obtenir l'effet désiré. Cela vous attirera le respect et la collaboration de tous.

Prenez un moment et observez l'état de vos relations. Quelles possibilités s'ouvriraient à vous si vous pouviez changer ou améliorer la qualité de vos relations? Dans l'accomplissement de votre projet, quelles relations devriez-vous particulièrement soigner? Vous vous préoccupez certainement de votre confort matériel, offrez-

95. Cette typologie comprend neuf profils de personnalité. Il existe une foule de livres, de sites Web et d'ateliers sur le sujet.

vous maintenant du confort relationnel. Je connais un millionnaire qui possède de belles maisons, des autos et des biens matériels, mais la vie avec son épouse le rend très malheureux.

Voici d'autres éléments qui permettent de vivre des relations d'une grande qualité :

- tenir parole ;
- parler de manière engagée et être à l'écoute de l'engagement des autres ;
- être conscient que votre point de vue n'est pas la réalité ;
- reconnaître et apprécier votre entourage ;
- déclarer et résoudre les pannes ;
- inviter les autres à de plus grandes responsabilités, possibilités ;
- coordonner volontairement l'action.

Dans mon travail de consultation, j'ai aidé des chefs d'entreprise à acquérir une compétence en relations par l'implantation d'une culture de transparence dans leur milieu de travail. J'affirme qu'il y a deux sortes de transparence en affaires : celle des conversations (parler franchement avec sincérité) et celle des chiffres (ouvrir les livres pour permettre aux employés de connaître le « score » de l'entreprise). Au début de mes mandats, je travaille toujours sur la première. Lorsque les membres d'une équipe peuvent se dire franchement ce qu'ils pensent les uns des autres en étant responsables des effets de leur communication, des miracles sont possibles. La seconde, celle des chiffres, est en réalité au service de la première. Dans une gestion à livre ouvert, tous les employés examinent les résultats financiers du mois précédent. Tout se sait. Si un chef d'équipe éprouve des difficultés, tous le savent. Cela permet d'avoir des conversations où les vraies choses se disent. Ainsi, les membres d'une équipe peuvent être en relation les uns avec les autres à partir de leurs engagements plutôt que de l'opinion qu'ils ont à leur sujet. Parler franchement demande de prendre position clairement et de l'exprimer tout aussi clairement. Cela évite toutes sortes de conflits et de jeux de coulisse au sein des entreprises et permet une grande productivité. La partie suivante traite de l'importance de la transparence des conversations avec une application pratique en entreprise.

L'évaluation de groupe

Demandez-en une ! C'est ce que j'appelle un « 360 maison ». En général, les exercices de 360 dont j'ai déjà parlé coûtent cher et rapportent peu. Les employés choisis remplissent un questionnaire et leurs réponses sont ensuite compilées. Le tout est remis au gestionnaire qui doit s'en servir pour améliorer son style de gestion. À moins de bénéficier d'un accompagnement pour bien utiliser ces commentaires, la plupart des gestionnaires lisent le rapport et, pris par leurs activités quotidiennes et ne sachant pas trop par où commencer, délaissent la précieuse information. Les employés qui ont pris le temps d'évaluer leur gestionnaire s'attendent à un nouveau comportement de sa part ou au moins à un suivi de leurs commentaires. Si rien n'est fait (nouveau comportement ou suivi), ils se diront que l'exercice n'a servi à rien et que c'est encore un truc des ressources humaines pour leur faire perdre leur temps. Il y a moyen de faire mieux pour beaucoup moins cher.

J'ai découvert cette approche d'évaluation de groupe grâce à Michel Hervé, le propriétaire d'une entreprise de mille cinq cents employés[96] dont j'ai parlé au chapitre 4 (voir la rubrique « La demande », à la page 95). L'autonomie de ses employés est au cœur de sa philosophie de gestion. Il procède d'une manière très avant-gardiste dans l'évaluation de son personnel. Il considère que le but de l'évaluation est de réduire l'écart entre la manière dont une personne se perçoit et la façon dont ses plus proches collaborateurs la perçoivent dans l'accomplissement de ses tâches. Au lieu

96. Hervé, p. 25.

de la traditionnelle évaluation de l'employé par son supérieur seul à seul, il préconise plusieurs changements. D'abord, c'est à l'employé de demander de se faire évaluer, quand il le désire. Ensuite – et c'est là une partie du génie de cet homme –, une évaluation par plusieurs personnes en contact régulier avec l'évalué, ensemble autour de la même table, lui donne un portrait beaucoup plus fidèle que seul avec son supérieur. Dans cette approche, tout le monde est évalué, les gestionnaires comme les employés. Tout le monde évalue tout le monde. La beauté de la chose réside dans le fait que cela exige un niveau de qualité de communication entre employés hors du commun et que je considère comme très productif. Plus les gens peuvent se parler franchement, plus ils pourront accomplir des grandes choses. Je vous propose maintenant mon adaptation de cet exercice.

Première étape

Donner à tous les employés de l'entreprise, dans un climat de collaboration, une formation en communication responsable et efficace. Une évaluation du rendement étant une série d'affirmations, les employés doivent apprendre à les ancrer par des faits, puisqu'elles ne sont pas la vérité, mais un point de vue.

Deuxième étape

L'évalué choisit les personnes (collègues, supérieur, clients, fournisseurs) dont il aimerait connaître le point de vue sur sa façon d'accomplir ses tâches. Michel Hervé recommande la présence d'un médiateur qui s'assure de la qualité des commentaires pendant l'évaluation, ce qui est très sage à mon avis. Il suggère qu'un pair de la personne évaluée joue ce rôle, connaissant bien le poste et les tâches à évaluer. L'évalué choisit donc aussi son médiateur.

Troisième étape

L'évalué et les évaluateurs remplissent le questionnaire.

Quatrième étape

Le groupe se réunit et l'évalué demande à ses évaluateurs ce qui motive leurs commentaires lorsqu'il y a un écart entre leurs réponses respectives. Le médiateur s'assure de maintenir un climat où tous les participants se sentent en sécurité.

Cinquième étape

Le groupe s'entend sur les corrections à apporter par l'évalué et ce dernier remercie tout le monde pour leur contribution.

Un autre avantage majeur de ce type d'évaluation est qu'il élimine toute tentative d'un gestionnaire d'agir en tyran. Il est bien connu que le roulement de personnel coûte une fortune aux dirigeants d'entreprise. Or, ce qui motive les gens à quitter leur emploi est très souvent le style de gestion abusif de leur supérieur immédiat. Même si le dirigeant est charismatique, humain et juste, mais que le supérieur immédiat d'un employé abuse de son pouvoir, celui-ci quittera son emploi. Vous trouverez à la fin du premier livre de Ricardo Semler le questionnaire qu'il utilise pour évaluer ses gestionnaires.

L'anatomie d'un projet osé[97]

Je propose ici de reprendre les idées de ce chapitre et de les appliquer à un projet d'équipe. Je rappelle brièvement les idées maîtresses qui contribuent au succès de ce genre d'entreprise.

Éléments d'un projet osé pour un ou plusieurs groupes

L'intention ou le contexte du projet

Créer un projet stimulant dont l'entreprise a besoin et dont les résultats représentent une avancée majeure (soit deux à trois fois

97. Scherr, p. 1-11.

supérieurs à la norme) et qui est appuyé par les membres de la direction.

Les règles du jeu

- Les participants sont libres de prendre part au projet ou non et les membres de la direction promettent qu'il n'y aura aucune conséquence s'ils refusent de participer.
- Il n'y a pas de plans de réduction des objectifs en cas de pépin.
- Les pannes sont vues comme un levier pour avoir accès à de nouvelles façons de penser et non comme le reflet de l'incompétence des participants.
- Les participants reconnaissent qu'ils seront mal à l'aise et contrariés par les pannes et acceptent de l'être tout en leur trouvant des solutions.
- Au cours d'une réunion pour résoudre une panne, si celle-ci n'est pas résolue rapidement, la réunion est reportée au lendemain.
- Les participants acceptent que les pannes ne sont pas le résultat de circonstances, mais qu'elles sont provoquées intentionnellement.
- Les participants s'entendent sur le maximum d'heures travaillées, idéalement sans heures supplémentaires.
- Tous les participants se portent responsables de l'ensemble des résultats. Les pannes des uns sont celles des autres. Si une équipe éprouve des difficultés, les autres équipiers lui viennent en aide.

Les règles de base du travail d'équipe pour un projet osé

Voici les éléments de règles de travail en équipe que je trouve essentiels au bon déroulement d'un projet osé.

Offrir votre écoute à vos partenaires

Être un partenaire de réflexion pour vos collaborateurs, une personne auprès de laquelle ils peuvent en toute sécurité exprimer et tester leurs idées.

Parler franchement

Oser dire tout haut ce que vous pensez tout bas, en étant responsable de l'effet de cette communication sur l'autre, créera une ambiance légère et stimulante dans votre équipe. Lorsque je travaille avec des gens ou des groupes, je leur dis expressément qu'ils ont la permission de tout me dire, surtout ce qu'ils n'osent pas me dire, car je sais que c'est précisément cette conversation entretenue à mon sujet qui mènera leurs actions.

Écouter généreusement

Donner la chance à l'autre de s'exprimer sans préparer sa réponse, sans juger, en étant présent aux réactions que cela suscite chez vous, voilà un grand cadeau à faire à l'autre. Donnez-lui l'espace de n'être pas parfait, d'être humain, faillible et faites-en autant pour vous-même.

Respecter vos engagements ou dire que vous ne les tiendrez pas

Dès que vous savez que vous aurez de la difficulté à tenir un engagement, prévenez votre entourage. Demandez de l'aide, déclarez une panne, cherchez des partenaires avec qui brasser des idées et engagez-vous à nouveau ou négociez votre engagement précédent. Mais, de grâce, maintenez le dialogue et ne cherchez pas à tout prix à vous débrouiller seul. Cette attitude n'est d'aucune utilité quand vous travaillez à un projet osé.

Reconnaître et apprécier

Nous tenons pour acquis que les choses fonctionnent et nous ne le soulignons pas assez. Faites-en une seconde nature. Un simple commentaire suffit: «J'ai remarqué le bon travail que tu as fait dans ce dossier. » Faites-le publiquement, cela dynamisera les troupes, surtout s'il s'agit d'un projet osé, où tous travaillent fort à se dépasser ; le fait que c'est très exigeant doit être reconnu. Une bonne parole, une tape dans le dos ou une récompense font oublier les difficultés traversées.

Donner des responsabilités claires

Je préfère parler de responsabilités que de description de tâches. L'idée est de laisser plus de marge de manœuvre pour pouvoir s'adapter aux changements et de laisser la chance à la personne responsable d'inventer et d'évoluer selon les demandes qui lui sont faites. Dans le feu de l'action, les tâches changent plus souvent que les responsabilités. Je trouve la notion de description de tâches trop statique, bien que cela dépende de la façon dont les gens s'en servent. Au sein d'une équipe qui travaille à un projet osé, par exemple, il est important de savoir précisément de quoi les autres sont responsables afin de pouvoir les aider le cas échéant.

Vous réunir tous vers un même but

Voilà qui n'est pas toujours facile. Réunir plusieurs personnes avec des personnalités différentes vers un même but demande beaucoup de leadership de la part du chef d'équipe. Cette personne doit constamment s'assurer que tous convergent vers le même objectif ; si ce n'est pas le cas, elle doit entamer les conversations nécessaires. Si vous êtes un membre de l'équipe et que vous trouvez que les autres ne travaillent pas dans la même direction, parlez-en à votre chef et demandez une réunion pour remettre les choses en perspective.

Essayer de nouveaux apprentissages

Lorsque vous participez à un projet osé, vous êtes constamment en train d'apprendre. C'est normal puisque vous êtes sorti de votre zone de confort. Ce n'est pas facile d'être un professionnel avec de l'expérience et d'apprendre. Qui dit apprentissage dit erreur. En général, personne n'aime montrer ses erreurs. Souvenez-vous de ma réaction défensive aux commentaires d'un ami sur mon travail. Cela demande beaucoup de maturité et de confiance en soi. Sans erreurs ou pannes, vous ralentissez votre apprentissage. Le temps passé à camoufler l'erreur ne l'est pas à trouver des solutions. Ce comportement est à bannir surtout lorsque vous voulez produire des résultats qui sortent de l'ordinaire. La manière normale d'évoluer est d'abord d'apprendre, ensuite de décider ce qu'il faut faire et, finalement, d'agir. Essayez un nouveau contexte d'apprentissage: engagez-vous d'abord, agissez et apprenez. Suivez aussi la consigne de Ricardo Semler à ses employés: il préfère qu'ils fassent des erreurs en prenant une initiative que de demander la permission de prendre une initiative.

Pour réaliser un projet osé, plusieurs personnes pensent qu'il faut utiliser la force en cherchant à contrôler, à manipuler, à protéger leurs arrières, à résister au changement, à réparer, etc. Je propose d'y aller avec le pouvoir donné par la générosité et par la responsabilité. Cela demande de pardonner, de laisser aller, de servir, d'être avec ce qui est, de danser avec ce qui se présente. Bonne pratique!

En résumé

On déclare un projet osé pour le plaisir de se mesurer à l'obstacle. On fait les demandes et les promesses audacieuses qui en découlent et on utilise les pannes pour progresser.

Généralités d'une panne

- Plus on est engagé envers la qualité, plus on a de pannes.
- Les gens puissants ont une relation puissante face aux pannes.
- Les pannes sont toujours fonction d'un engagement.
- Plusieurs grandes découvertes découlent de pannes.

- Les gens engagés ont deux choses: soit les résultats, soit une panne.
- En général, les gens remettent leur engagement en question lorsqu'ils ont une panne plutôt que de la considérer comme une confirmation de l'engagement.

Anatomie d'une panne

- Avoir une réaction émotive: changement d'humeur, réaction instantanée («C'est pas correct», «Ça ne devrait pas arriver»).
- Déclarer une panne.
- Relever l'engagement qui n'est pas tenu et qui fait de la situation une panne.
- Évaluer la situation.
- Définir les émotions, les interprétations, les réactions.
- Communiquer si des engagements futurs sont en péril.
- Chercher ce qui manque.
- Utiliser son réseau de soutien, de contacts.
- Faire les déclarations, les demandes, les promesses et les affirmations appropriées.

Étapes du désamorçage face à un échec ou à un obstacle

- Quels sont les faits? Obtenir le consensus des parties en cause.
- Quelles sont les émotions, les perceptions? Les établir et les communiquer.
- Que manque-t-il pour corriger la situation? Utiliser son réseau de soutien, de contacts.
- Passer à l'action: demander et promettre.

Conclusion

Il m'arrive de penser que nous avons moins évolué sur le plan humain que sur le plan technologique. Je constate cependant une véritable évolution dans le fait que nous sommes davantage critiques et sceptiques face à certaines affirmations ou interprétations. Les églises, quelle que soit la confession, sont des institutions qui présentent beaucoup d'affirmations comme *la* vérité. Le fait que plusieurs pays occidentaux se soient sécularisés depuis quelques siècles démontre une nette évolution de notre esprit critique. Cela nous oblige à réfléchir au lieu de nous laisser dicter notre conduite par quelqu'un d'autre. Cette évolution se poursuit par le travail d'organismes (où les intervenants défient des affirmations vieilles de plusieurs millénaires, comme le fait qu'une femme soit moins importante ou intelligente qu'un homme) qui contribuent à un avenir prometteur pour l'humanité. Bien que la réalité soit un concept difficile à cerner (elle est fonction de l'observateur), nous nous en approchons chaque fois que nous examinons ou critiquons une affirmation. Cet exercice, qui nous oblige à être curieux et à chercher à comprendre, qui débranche le pilote automatique et qui réduit l'obéissance si nuisible aux êtres humains, nous force à écouter et à être présents à l'autre et à son opinion.

J'ai à dessein très peu abordé le conflit entre les actions que nous voulons poser et les programmes inconscients qui nous en empêchent. C'est ce que j'ai appelé l'écart entre notre parole et nos résultats. Lorsqu'il y a un décalage entre les deux, nous ne sommes pas libres de faire les gestes qui donneront les résultats escomptés et nous souffrons. Ainsi, j'affirme qu'il n'est pas normal de faire ce que nous ne voulons pas faire, comme fumer alors que nous voulons arrêter ou nous empiffrer alors que nous voulons perdre du poids. Cet écart entre l'intention et l'action est une panne majeure dans tout projet personnel ou professionnel. La meilleure façon de vivre dans cet écart est de commencer à être hypersensibles à nos pannes et à nos malaises. Ils nous indiquent une situation inconsciente non résolue qui demande à l'être, et en trouver l'origine nous permet de recouvrer toute liberté d'action. Pour y arriver, nous avons besoin de nous entourer de partenaires et de professionnels fiables qui nous aideront à voir notre angle mort, à comprendre ce qui nous échappe, pour résoudre les pannes plus rapidement. C'est le travail d'une vie, vous vous en doutez.

Finalement, j'invite les dirigeants et les gestionnaires à établir une gestion ouverte dans leur entreprise car c'est, à mon avis, la seule structure qui aide les gens à tenir parole, à être responsables, engagés et à donner le meilleur d'eux-mêmes. Je vous invite à réaliser ce qui vous tient à cœur en testant les actes de parole. Je les ai découverts au cours d'une formation de deux jours et j'ai vu la possibilité d'une vie facile et légère. Je les ai immédiatement utilisés dans mon travail. Je vendais à l'époque de l'équipement électronique à des commerçants. En six mois, j'ai doublé mon chiffre de vente en travaillant deux fois moins. Ce résultat a causé une panne, car mon patron n'a pas pu me donner davantage de responsabilités et, avant de mourir d'ennui, j'ai quitté mon travail. Je vous souhaite donc autant de plaisir et de merveilleux résultats et j'espère que vous entraînerez vos proches à en faire autant. Votre vie sera simplifiée, j'en suis certaine.

Remerciements

Je termine en adressant un remerciement particulier aux personnes suivantes. D'abord à Renée Cossette qui m'a encouragée à écrire ce livre. Ensuite, Janet Briand qui m'a aidée à continuer d'écrire jusqu'à ce que j'arrive à un produit assez avancé pour le soumettre à un premier comité de lecture. Y ont participé : Solange Côté, Louise Régnier, Isabelle Jamet, Denise Desmeules, Hélène Bolduc, Lise Montambault, Patrick Lickel, Lisette Gauthier et Andrée Lafontaine. Cette dernière m'a apporté une aide très précieuse grâce à son amour de la langue française. Un grand merci aussi à Dietmar Köveker pour son aide dans la rigueur de mes propos sur Heidegger et les actes de parole. Je tiens également à remercier ceux qui ont participé au second comité de lecture : Marie Brouillet, Yves Montpetit, Anne Dostie (dont l'accompagnement dans un projet personnel m'a ouvert les yeux sur des aspects du fonctionnement de l'être humain qui me sont depuis d'une très grande utilité) et Richard Thibault. Finalement, je suis reconnaissante à Werner Erhard de m'avoir fait connaître le travail de Fernando Flores au cours d'un atelier appelé *Action Workshop* et que j'ai pu perfectionner par la suite. Il y a en outre Demetra Zoubris, toujours charmante, qui a photocopié les nombreux brouillons. J'oublie peut-être d'autres personnes. Je remercie donc tous ceux et celles qui m'ont appuyée dans ce projet.

Annexe 1

Interrompre le jeu du blâme ou de la victime

Blâmer les autres ou chercher à nous disculper est une véritable culture dans laquelle nous baignons tous depuis notre tendre enfance. Elle nous empêche de prendre la responsabilité de nos actes et nous fait souffrir. Si vous êtes intéressé à être libre et à libérer les autres autour de vous, voici quelques procédures à suivre qui vous aideront.

Arrêtez tout mouvement, toute parole

Avant de blâmer l'autre ou vous-même, ou encore de chercher à vous disculper, prenez une grande respiration et comptez jusqu'à 10. Permettez-vous de vous concentrer sur vous-même, sur vos émotions qui vous mènent, cherchez à observer ce qui se passe en vous. Lisez et relisez ce texte jusqu'à ce que les conseils qui suivent deviennent un réflexe. Ils vous permettront de débrancher votre pilote automatique.

Soyez responsable de votre réaction

Observez vos jugements, interprétations, émotions qui suivent les actes de l'autre. Reconnaissez que ce sont *vos* jugements et *vos* interprétations. Ce n'est pas ce que l'autre fait qui déclenche votre réaction. Ce sont vos croyances, vos opinions et vos expériences de vie. Appropriez-vous vos émotions et vos pensées, même si elles semblent avoir été provoquées par quelque chose d'extérieur à vous, en étant présent à l'expérience vécue.

Apprenez à reconnaître ce qui déclenche vos réactions

Vous ne pouvez pas changer ce que les autres disent ou font, mais vous pouvez changer ce que vous en faites. Rejouez-vous ce qui s'est passé, observez les réactions qui ont suivi. Prenez le temps de vous comprendre, ralentissez les choses. Cela court-circuite le désir de chercher un coupable et de vous innocenter. Vous observer constamment, être d'instant en instant conscient de vos mobiles apparents et cachés, c'est la seule façon de provoquer en vous et autour de vous un changement radical.

Prenez conscience de l'effet de la mémoire émotionnelle

Il y a deux sortes de mémoire: la pratique, qui vous permet de pouvoir conduire une auto, construire des ponts; et l'émotionnelle, qui est l'impression laissée sur vous par un compliment ou par une insulte. Prenez conscience du filtre installé par la mémoire qui colore votre perception des événements. La seule façon de le désamorcer lorsqu'il vous nuit est d'en prendre conscience, de le communiquer si nécessaire et de le laisser aller.

Renoncez à avoir raison et à donner tort à qui que ce soit

Si vous voulez comprendre une personne – y compris vous-même –, vous devez pouvoir l'observer, l'étudier dans ses variations d'humeur. Mais si vous ne cessez de la critiquer, en pensant qu'elle devrait être comme ceci ou comme cela, vous érigez une barrière entre cette personne et vous. Cette façon de faire n'apporte aucune compréhension de vos relations, mais plutôt le désir de vous imposer, d'imposer votre point de vue et vos idées particulières. À force d'avoir raison, vous finissez par perdre la raison.

Faites la paix en vous avant de la faire avec l'autre

Compter sur les autres pour faire la paix est totalement futile. La seule chose qui peut vous apporter la paix, c'est une transformation intérieure qui vous conduira à une action extérieure. Sans connaissance de soi dans l'action, il n'y a pas de paix intérieure. Vous ne pouvez être efficace que lorsque vous agissez avec des idées claires, libres de toute réaction automatique. Donc, après avoir examiné ce qui s'est passé et les réactions que cela a déclenchées, acceptez d'avoir réagi comme vous l'avez fait et cherchez ce qui manque pour corriger la situation.

Réalisez une fois pour toutes que le jeu du blâme ne fonctionne pas

Quand vous blâmez l'autre ou vous-même, ou encore que vous cherchez à vous disculper, vous ne pouvez pas vous comprendre ni comprendre l'autre, ni comprendre ce qui se passe. C'est très difficile de ne pas y succomber. Cela demande beaucoup de courage et de volonté d'interrompre cet automatisme. En renonçant à blâmer, vous pouvez comprendre le rôle que vous jouez dans une situation et ainsi avoir une chance de la faire débloquer, pas avant.

Apprenez de l'expérience que vous vivez

Rien n'arrive par hasard dans la vie. Utilisez la situation dans laquelle vous vous trouvez pour mieux comprendre votre comportement et y apporter les corrections nécessaires. Que pouvez-vous faire de différent la prochaine fois ? La meilleure façon de changer les autres est de vous changer vous-même.

Investissez dans votre avenir

Plus vous avez des relations de qualité, plus vous pouvez accomplir de choses dans la vie. Cela vous permet d'être serein, de pouvoir demander de l'aide et ainsi recevoir l'appui nécessaire pour réaliser vos projets. En renonçant à blâmer et en cherchant à comprendre ce qui déclenche vos réactions, vos collaborateurs le remarqueront et se bousculeront pour faire partie de votre équipe.

Établissez des ententes claires

Sans ententes claires, les attentes prennent le dessus. Assurez-vous que l'autre a compris ce que vous voulez et que vous avez compris ce que l'autre veut. N'hésitez pas à vérifier, à confirmer, ne laissez rien au hasard. Oui c'est exigeant, oui cela demande d'être vigilant et conscient. Mais en retour, vous aurez des relations qui vous combleront de satisfaction avec vos proches, vos collègues de travail, vos voisins. En investissant ce temps, vous vous épargnerez beaucoup de difficultés ; en fait, vous gagnerez du temps.

Annexe 2

Assainir une relation en cinq étapes

Cet exercice vous aidera lorsqu'un incident se produit avec un collègue de travail, un ami, un membre de la famille, et que vous êtes dérangé, énervé, frustré, déçu. Dès que vous vous dites :

- je lâche prise ;
- ce n'est pas grave ;
- je laisse aller ;
- cela ne m'affecte pas ;
- je peux vivre avec cela ;
- le passé est le passé, il faut me tourner vers l'avenir ;
- je tourne la page...

... c'est un signal que vous êtes en train de vous résigner que vous ne pouvez rien faire, que vous avez peur de vous exprimer. Dès que vous vous retenez avec une personne, vous perdez de la vitalité, de la joie de vivre, de l'efficacité, de la créativité. Vos perceptions réductrices ou limitantes se consolident. Vous créez un terrain favorable aux conflits.

Voici un guide de conversation pour rétablir une relation satisfaisante avec les personnes impliquées. Ce qui rendra ce guide efficace, c'est votre engagement à faire avancer la relation, à la préserver. Une fois que vous en aurez pris connaissance, fiez-vous à votre intuition, faites-vous confiance. Êtes-vous prêt à renoncer à l'interprétation que vous avez au sujet de cette personne et à en inventer une autre qui vous représente et vous soit utile ? Une attitude calme en amène une autre, une attitude agressive en amène une autre aussi. Que pouvez-vous faire pour vous calmer ? Quand vous tenez vraiment à la relation, vous trouvez les mots, quitte à vous y prendre à quelques reprises. Jouez à fond, regardez les résultats et corrigez au besoin. N'hésitez pas à reprendre la conversation et à la poursuivre jusqu'à ce que vous soyez satisfait – cela peut prendre plusieurs fois avant d'y arriver. Ne vous découragez pas, l'effort en vaut la peine.

Les étapes

1. Demandez une rencontre et choisissez un moment où l'autre peut vraiment vous écouter.
2. Préparez l'écoute de l'autre en mentionnant votre intention de régler une situation qui vous gêne et votre volonté de parler sans attaquer, sans agresser (déclaration de non-agression).
3. Entendez-vous sur les faits d'abord. Par exemple : « Quand le ton a monté, *je* me suis senti..., *j'ai* pensé... » Le *je* suivi de votre émotion et de votre interprétation.
4. Demandez alors à l'autre ce qui a motivé son geste. Écoutez sans juger, sans préparer de réponse, avec générosité, en étant présent à vos réactions, jugements, interprétations.
5. Examinez ensemble ce qu'il faudrait faire pour corriger la situation afin qu'elle ne se reproduise plus à l'avenir.

À la suite de ces étapes, remerciez la personne d'avoir accepté la rencontre et d'avoir collaboré avec vous au rétablissement de la relation.

D'autres indices pour clarifier un événement

1. Quels sont les faits?
2. Quelles sont les émotions, les perceptions?
3. Qu'est-ce qui manque pour corriger la situation?
4. Passage à l'action en demandant ou en promettant.

Annexe 3

Célèbres conversations réductrices

La nature de ces conversations a pour effet de réduire une possibilité par l'entremise d'affirmations présentées comme des vérités.

À l'époque de Christophe Colomb (à la fin du XVe siècle), le comité conseillant Ferdinand et Isabelle d'Espagne a écrit: «Tant de siècles après la Création, il est très peu probable que quelqu'un puisse découvrir des terres de valeur.»

Pierre Pachet, professeur de physiologie à Toulouse (1872): «La théorie de Louis Pasteur sur les germes est une imagination ridicule.»

En 1878, la Western Union a rejeté ses droits au téléphone en disant: «Qu'est-ce que la société pourrait bien faire d'un jouet électrique?»

Remarque de Thomas Edison, sur sa propre invention, à son assistant Sam Insull (1880): «Le phonographe n'a aucune valeur commerciale.»

En 1902, un journaliste, dans un article du *Harper's Weekly*, déclare: «La construction des routes réservées aux véhicules à moteur ne se fera pas dans un avenir proche, malgré les nombreux bruits qui courent à cet effet.»

Simon Newcomb, un astronome assez connu (1902): «Le vol d'appareils plus lourds que l'air n'est pas pratique et est sans importance, voire tout à fait impossible.»

Grover Cleveland, 24e président des États-Unis (1905): «Les femmes sensées et responsables ne veulent pas voter.»

Robert Milliken, prix Nobel en physique (1905): «L'homme ne maîtrisera jamais la puissance de l'atome.»

American Road Congress (1913): «C'est un doux rêve de penser que l'automobile remplacera le chemin de fer pour le transport à longue distance de passagers.»

Les associés de David Sarnoff en réponse à ce dernier, qui insistait pour investir dans la radio dans les années 1920: «La boîte à musique sans fil n'a aucune valeur commerciale envisageable. Qui accepterait de payer pour un message qui n'est envoyé à personne en particulier?»

Harry M. Warner, président de Warner Brothers (1924): «Qui peut bien vouloir entendre les acteurs parler?»

Thomas J. Watson, président d'IBM (1943): «Je pense qu'il y a place pour environ cinq ordinateurs sur le marché mondial.»

Popular Mechanics, prédiction sur l'avancement des sciences (1949): «Les ordinateurs à l'avenir ne pèseront pas plus que 1,5 tonne.»

En 1958, l'astronome britannique R. Wooley a déclaré: «Les voyages dans l'espace sont de la pure fiction.»

New Scientist (30 avril 1964): «Il y a bien des chances que les États-Unis ne soient pas capables de respecter leur engagement d'envoyer un homme sur la lune d'ici 1970, date établie par M. Kennedy.»

Decca Recording Company, lorsqu'elle a rejeté les Beatles en 1962: «Nous n'aimons pas leur musique et, de toute façon, la guitare n'en a plus pour longtemps.»

Ken Olsen, président de Digital Equipment Corporation (1977): «Il n'y a aucune raison pour qu'un particulier ait un ordinateur à la maison.»

Bill Gates, Microsoft (1981): «640K, cela devrait suffire à n'importe qui.»

Spencer Silver, parlant du travail ayant mené à l'adhésif unique pour les blocs-notes «Post-it» de 3M: «Si j'y avais réfléchi, je n'aurais pas fait cette expérience. La littérature regorge d'exemples indiquant qu'il est impossible de faire cela.»

Steve Jobs, fondateur de Apple, lorsqu'il a essayé d'intéresser Atari et Hewlett-Packard à l'ordinateur personnel qu'il avait mis au point avec Steve Wozniak: «Nous sommes donc allés chez Atari en leur disant: "Nous avons cette chose étonnante; elle est même construite en partie avec vos pièces. Alors, que diriez-vous de nous financer? Nous sommes même prêts à vous la donner. Nous voulons juste la construire. Offrez-nous un salaire, nous viendrons travailler chez vous." Ils ont répondu non. Nous sommes alors allés chez Hewlett-Packard qui a répondu: "Nous n'avons pas besoin de vous; vous n'avez pas encore terminé vos études."»

Un professeur de gestion de l'université Yale, en réponse au travail de Fred Smith proposant un service fiable de messagerie de 24 heures: «Le concept est intéressant et bien formulé, mais pour mériter une note supérieure à C, l'idée doit être réalisable.» Smith a poursuivi son idée et fondé Federal Express Corporation.

Réponse à Arthur Jones, qui a résolu le problème «insoluble» en inventant le Nautilus: «Vous voulez un développement musculaire uniforme et cohérent pour tous les muscles? C'est impossible. C'est un fait établi. Il faut que vous acceptiez que le développement musculaire non uniforme est une condition inébranlable de l'entraînement aux poids.»

Bibliographie

ALTOMARE, Mary et NATTRAS, Brian. *The Natural Step for Business, Wealth, Ecology and the Evolutionary Corporation*, Colombie-Britannique, New Society Publishers, 1999.

AUSTIN, John L. *Quand dire c'est faire*, Paris, Éditions du Seuil, 1991.

BENVENISTE, Émile. «De la subjectivité dans le langage», dans *Problèmes de linguistique générale*, tome 1, Paris, 1966.

BOUCHER, Claude. *Une brève histoire des idées de Galilée à Einstein*, Montréal, Éditions Fides, 2008.

CASE, John. *Open-Book Management: The Coming Business Revolution,* New York, Harper Collins Publishers, 1995.

DELUMEAU, Jean. *Le péché et la peur. La culpabilisation en Occident XIIIe-XVIIIe siècles*, Paris, Fayard, 1983.

DERRIDA, Jacques. *Signature, événement, contexte*, Paris, Galilée, 1990.

DERRIDA, Jacques. Postface: «Vers une éthique de la discussion», *op. cit.*

DESGRAVES, Louis. *Montesquieu (1689-1755)*, Paris, Sud-Ouest Université, Fayard, 1998.

EMOTO, Masaru. *Messages From Water*, Tokyo, Hado Kyoikusha, 2001.

FLORES Fernando et WINOGRAD, Terry. *Understanding Computers and Cognition*, États-Unis, Addison Wesley, 1986.

HABERMAS, Jürgen. « Digression sur le nivellement de la différence générique entre la philosophie et la littérature », dans *Le discours philosophique de la modernité*, trad. Ch. Bouchindhomme et R. Rochlitz, Paris, Gallimard, 1988.

HABERMAS, Jürgen. « Signification de la pragmatique universelle », dans *Logiques des sciences sociales et autres essais*, trad. R. Rochlitz, Paris, Presses Universitaires de France, 1987.

HERVÉ, Michel, D'IRIBANE, Alain et BOURGUINAT, Élisabeth. *De la pyramide aux réseaux. Récits d'une expérience de démocratie participative*, Paris, Éditions Autrement, 2007.

KERBRAT-ORECCHIONI, Catherine. *Les actes de langage dans le discours, théorie et fonctionnement*, Paris, Armand Colin Éditeur, 2008.

LÉVESQUE, Aline. *Guide de survie par l'estime de soi*, Québec, Éditions Un monde différent, 2000.

LONGIN, Pierre. *Coachez votre équipe*, Paris, Dunod Éditeur, 1998.

RUSSEL, Dave. *Baptizing the Nation With Tears: Political Forgiveness in South Africa, A Thesis in the Department of Religion*, Montréal, Concordia University, 2001.

SALOMÉ, Jacques. *Guide ressources*, avril 2000.

SCHERR, Allan L. « Managing for Breakthroughs in Productivity », *Human Resources Management*, vol. 28, n° 3, 1989, p. 403-424.

SEARLE, John R. *Les actes de langage. Essai de philosophie du langage*, trad. H. Pauchard, collection Savoir, Paris, Hermann, 1972 (ch. 2).

SELMAN, Jim. *Coaching: Beyond Management*, Californie, Paracomm International Corporation, 1989.

SEMLER, Ricardo. *Maverick*, New York, Warner Business Books, 1993.

SEMLER, Ricardo. *The Seven-Day Week-End*, New York, Portfolio, 2003.

VANDERVEKEN, Daniel. *Les actes de discours*, Liège, Pierre Mardaga Éditeur, 1995.

WALSCH, Neale Donald. *Conversations With God, Book 1*, New York, Putnam, 1995.

WEINBERG, Harry L. *Puissance et pouvoir des mots*, Paris, Le Courrier du livre, 1959.

WEINER, Tim. *Legacy of Ashes: The History of the CIA*, New York, Double Day, 2007.

WITTGENSTEIN, Ludwig. *Investigations philosophiques*, trad. P. Klossowski, Paris, Gallimard, 1961 (p. 1-28).

ZIMBARDO, Philip. *The Lucifer Effect: Understanding How Good People Turn Evil*, New York, Random House, 2007.

Table des matières

Partie II

Le langage de l'action